周文化传承丛书

人 物 卷

总主编◎傅乃璋　　本卷主编◎唐广森

岐山周文化研究会　编

中国文史出版社

图书在版编目（CIP）数据

周文化传承丛书. 人物卷 / 傅乃璋总主编；唐广森
主编；岐山周文化研究会编. —北京：中国文史出版
社，2023.12

ISBN 978-7-5205-4369-9

Ⅰ.①周… Ⅱ.①傅… ②唐… ③岐… Ⅲ.①周文化
（考古学）－研究 ②历史人物－生平事迹－中国－周代
Ⅳ.①K871.34 ②K820.24

中国国家版本馆CIP数据核字（2023）第 232944 号

责任编辑：王文运　赵姣娇

出版发行：中国文史出版社

社　　址：北京市海淀区西八里庄路69号　邮编：100142
电　　话：010-81136606　81136602　81136603（发行部）
传　　真：010-81136655
印　　装：陕西省岐山彩色印刷厂
经　　销：全国新华书店
开　　本：787mm×1092mm　1/16
总 印 张：109
总 字 数：1406千字
版　　次：2024年9月北京第1版
印　　次：2024年9月第1次印刷
总 定 价：360.00元（全八册）

《周文化传承丛书》编辑委员会

序

宫长为

习近平总书记指出："中华优秀传统文化是中华文明的智慧结晶和精华所在，是中华民族的根和魂，是我们在世界文化激荡中站稳脚跟的根基。"传承中华优秀传统文化，弘扬中华民族精神，推动中华优秀传统文化创造性转化、创新性发展，是增强文化自觉、坚定文化自信、培育和践行社会主义核心价值观、建设社会主义文化强国的必然要求，也是历史和时代发展的必然要求。因此，我们要特别重视挖掘中华五千年文明中的精华，弘扬中华优秀传统文化，要从根脉抓起。周文化是儒家文化的源泉，是中华优秀传统文化的主要根脉。

李学勤先生指出："研究周文化，要把目光集中到作为周人发祥地的岐山周原。在整个西周三百年间，岐周一直保持着政治上中心之一的地位，而且从当今的工作来说，探求周文化一定离不开岐周。"这为我们研究周文化指明了方向。岐山是一块物华天宝、人杰地灵的宝地。3000多年前，居住在豳地的周部族首领古公亶父，因受到戎狄部落侵扰，便率部众离开故土，渡过漆水、沮水，翻越梁山，迁徙到岐下周原。在这块钟灵毓秀的土地上，他们修建都邑、建邦立国，拉开了翦商崛起的序幕。历经王季、

1

文王、武王数代人的共同努力，周人励精图治、自强不息，终于推翻了殷商王朝，建立了西周王朝。后继之君成王、康王在周公旦、召公奭、太公望等重臣的辅佐下，开创了我国历史上第一个治世——成康之治。与此同时，周人也创造出博大精深、泽被千秋的周文化。以周公旦为代表的统治者，总结并吸取了夏商两代灭亡的教训，在治国理政的实践中提出了"以德配天""敬德保民""明德慎罚"等德政思想，尤其是他们所创立的礼乐制度对后世产生了深远的影响。周文化是中华优秀传统文化的基石，是中国古代文明发展的高峰。在历史长河中，伏羲、女娲、神农三皇时期，是中华文明的奠基阶段，黄帝、颛顼、帝喾、尧、舜五帝时期是中华文明的开创阶段，而在夏商周三代，中华文明进入了长足发展的阶段，周文化已经显示出人类文明达到了一个前所未有的新高度。岐山作为周原的核心区域之一，文化底蕴深厚，周文化遗存极为丰富，这为我们研究周文化提供了珍贵的资料。

2015年至今，中国先秦史学会周公思想文化研究会在岐山县举办了五届周文化暨周公思想文化研讨会，我因此与岐山结下了不解之缘，也结识了一些岐山朋友。令我印象深刻的是：岐山作为一个文化大县，当地政府非常重视文化建设工作，有一批情系乡梓、热爱地方优秀传统文化的有识之士，每次去岐山，都能在文化建设方面看到新成果。将传承弘扬周文化与培育和践行社会主义核心价值观及乡风文明建设相结合，是岐山县在新时代精神文明建设、公民道德建设和文化建设工作方面的一大创举。2015年10月，全国首届周文化暨周公思想文化研讨会在岐山召开，时任岐山县政协主席傅乃璋先生带领县政协一班人，组织岐山学人历时 4 年，编撰出版了一套八卷本的《周文化丛书》，为当时的研讨会献上了一份厚重的贺礼。《周文化丛书》是岐山县在文化建设工作方面取得的丰硕成果之一，也是中国周文化研究最重要的成果之一，为传承弘扬周文化、宣传岐山作出了重要贡献。陈宗兴、李学勤、孟建国三位先生为丛书作序，予以高度评价。

近年来，受疫情影响，我去岐山的机会少了，但一直关注着岐山周文化研究和文化建设等方面工作。傅乃璋先生乡梓情深，热衷于周文化传承弘扬工作，退休后当选为岐山周文化研究会会长，继续发挥余热。他带领岐山周文化研究会同仁，深入贯彻岐山县第十八次党代会精神，切实落实岐山县委、县政府"做活周文化"战略部署，历时 3 年，数易其稿，精心编撰出一套由《勤廉卷》《德行卷》《诚信卷》《家风卷》《教育卷》《孝道卷》《礼俗卷》《人物卷》共八卷组成的《周文化传承丛书》，基本上涵盖社会主义核心价值观与公民道德建设的方方面面，成就显著。这套丛书与 2015 年出版的《周文化丛书》交相辉映、相得益彰，互为姊妹篇章。这套丛书以传承周文化、弘扬中华传统美德、培育和践行社会主义核心价值观、助推乡风文明建设为宗旨，将周文化思想理念、历史典故、伦理道德、传统美德、礼仪民俗、家风家训、名言警句、岐山教育、岐山名人、现代岐山人先进事迹等融为一体，具有较强的思想性、理论性和可读性，是一套传承和弘扬周文化，培育和践行社会主义核心价值观，推进精神文明建设、公民道德建设和乡风文明建设的文化精品。对传承和弘扬地方优秀传统文化、推进岐山县高质量发展具有重要的借鉴价值和现实意义。

　　《周文化传承丛书》出版在即，傅乃璋先生邀我为丛书作序，盛情难却，写下以上文字为序，是否妥当？敬请广大读者指正。希望这套丛书能得到广大读者朋友们的欢迎，也期盼大家多提宝贵意见，共同将中华优秀传统文化发扬光大，为增强文化自觉、坚定文化自信，建设社会主义文化强国作出更大贡献。

2023 年 12 月于北京

　　（宫长为：中国先秦史学会会长、中国社会科学院中国历史研究院古代史研究所研究员）

目 录

概　述

　　周文化是中华传统文化的基石，是中华传统美德的源泉，蕴含着丰富的道德哲思和实践智慧，是一种导人向善的重要精神力量。模范人物是时代的标杆、道德的典范，是传承和弘扬中华美德的重要力量。周代是周文化和中华传统美德形成的重要阶段，周代圣贤作为周文化的创造者和践行者，为后世树立了千秋典范。历代贤哲在传承弘扬周文化与周人美德的过程中，不断创新发展、丰富内涵，对中华传统文化的传承与发展做出了重大贡献。

　　岐山是周文化的发祥地，是中华文明的重要发源地之一，是一块物华天宝、人杰地灵的圣地。在数千年的历史长河中，西岐大地人才辈出，群星灿烂。尤其是自周太王迁岐至周文王迁丰这短短的百年里，在西岐大地上涌现出了像周太王、太伯（泰，下同）、仲雍、王季、周文王、周武王、周公、召公、姜太公等诸多叱咤风云的圣贤人物，他们或出生于这片热土，或成长于这片热土，或功成名就于这片热土。在历史长河中，就全国范围而言，在这么短的时间内，西岐大地涌现出如此多的圣贤人物，这是绝无仅有的。人民群众是历史的创造者，英雄圣贤是历史的推动者。以这些圣贤为代表的先民们，不仅是炎黄文化和夏商文化的传承者，更是周文化的创造者。他们创造了博大精深、内涵丰富、泽被千秋的周文化，点燃了中华文明的火炬，推动了历史进步的巨轮。正所谓"江山代有才人出"，自秦汉至近代，西岐大地人才辈出，灿若星辰，他们在各自的领域为国家和民族作出了重要贡献。以他们为代表的西岐儿女在社会实践中，丰富了周文化的内容与形式、拓展了周文化的内涵与外延，是周文化的传承者、弘扬者和践行者。在社会主义新时代的今天，有一批西岐儿女，他们以自己的实际行动，学习、传承、弘扬、践行周文化，成为时代的楷模和社会的标杆。

《周文化传承丛书·人物卷》由上古、中古、近古、近代、附录组成，共涉及80位历史人物。书中选编的历史人物，均为在岐山生活、工作或与岐山经济社会发展、文化传承等有关联且在社会上享有较高声望、省内外具有一定知名度、现已去世的历史人物。这些历史人物，虽然他们的事业分大小、职级有高低，但其付出、奉献、收获，尤其是智慧的博大精深，精神的积极向上，秉性的坚忍不拔，透射出独特的光彩，都具有重要的借鉴价值和现实意义。他们是创造、发展、传承、弘扬和践行周文化的中坚力量。

周虽旧邦，其命维新。作为炎帝生息、周室肇基之地，岐山既哺育了勤劳节俭、淳朴厚道的普通百姓，也养育了许多清正廉洁的仕宦和为国捐躯的英雄们，他们身上蕴含的深厚历史文化，承载着中华民族的诸多传统美德，是包括岐山人在内的广大人民群众的骄傲。提炼展示他们身上体现的精神理念和文化价值，坚守中华文化立场，讲述他们的故事、传播他们的声音，展现其可信、可爱、可敬的形象和人文底蕴，对于促使人们站稳脚跟、读懂岐山、立根铸魂，学习、研究、传承、弘扬、践行周文化，培育和践行社会主义核心价值观，增强文化自觉、坚定文化自信，推进新时代公民道德建设、精神文明建设、乡风文明建设和"四个岐山"建设，都具有重大的现实意义。

第一章 上古

　　岐山是周文化的发祥地，是周室肇基之地。自周太王古公亶父迁岐到文王迁丰这百余年里，在岐周大地上孕育了众多圣贤人物，他们对中华文明的发展做出了重要贡献。在近三百年的西周历史上，岐周一直是周王朝经济、政治、文化中心之一。本章选编了自周太王迁岐至东周结束这段历史时期的19位圣贤人物，他们都与岐山有着密切的关系，他们是周文化的创造者和践行者。

周朝奠基者周太王

古公亶父，姬姓，名亶，又称公亶父、周太王，周部族首领，周国的创建者，周王朝的奠基人。

姬姓部落的始祖后稷，数代传至公刘迁居于豳（今陕西省旬邑县、彬州市和今甘肃省宁县、正宁县一带）。

公刘九传至古公亶父时，为躲避戎狄部落侵扰威逼，首领古公亶父率姬姓部落2000多乘，清晨赶路，策马快行，渡漆水、过梁山，迁移到渭水流域的周原一带（今陕西省岐山县与扶风县交界地带），察看地形、筹建屋宇，定居生活。豳和其他地方的自由民见古公亶父及其周人的仁德，因而扶老携幼前往归附。周原人口因而增加很多。

周人与羌人通过联姻，结成密切关系，在周原稳固扎根，整顿内部组织，设置官署、任命官吏、建邦立国，改革戎狄风俗习惯，拓展疆土、规划田地、开垦荒芜之地，修池引泉灌溉，采用助耕制发展生产；营建宫室居邑，三月建起城郭，一年成为村落，两年成为城邑，三年成为都市。

周人迁岐之后，通过艰苦创业，逐渐强大起来，初具国家雏形，定国号为周。"民皆歌乐之，颂其德"（《史记·周本纪》）。古公对外仍然臣服于商，共同抵抗周围游牧部落侵扰，保障周族的生存发展。他传位给幼子季历。他的长子太伯和次子仲雍，率领一部分周人沿渭水南岸故道，循汉水，奔向长江中下游地区，与那里的当地居民相结合，遂被奉为首领。这是周人与江南地区的第一次交往。带去先进文化和技术，促进了江南生产发展和民族融合。伯仲及其后世在今江苏省无锡市东南建立的吴国，至夫差共传位25代国君。

西周王朝建立后，周武王追尊其曾祖父古公亶父为周太王。岐山县京当镇岐阳村的周太王陵和周三王庙（太王、王季、文王）至今犹在。《诗经·大雅·绵》中记载："古公亶父，来朝走马。率西水浒，至于岐下。爰及姜女，聿来胥宇。周原膴膴，堇荼如饴。爰始爰谋，爰契我龟。曰止曰时，筑室于兹。"

至德让贤太伯、仲雍

太伯、仲雍分别是周部落首领古公亶父的长子和次子。太伯又称吴太伯；仲雍亦称虞仲、吴仲、孰哉。

太伯、仲雍得知父亲欲让小弟季历继位以巩固姬姜联盟的心思后，兄弟俩为了成全父亲，带领随从避让奔走到达长江之南今无锡、常熟等地，先期定居无锡梅里。太伯文身断发，以此表示不继承父亲古公君位，其德义和高风亮节感动荆蛮，归附拥戴者千余家，并被尊称为吴太伯。

太伯、仲雍奔吴，给江南地区带去中原文明的种子。他们在新的生存环境中，不畏艰辛、勇于开拓，带领当地民众大力兴修水利，"穿浍渎以备旱涝"，发展农业生产。开凿的伯渎河（原名太伯渎。春秋时期，吴王阖闾西攻楚国、吴王夫差北伐齐国，都曾通过伯渎河），流经坊前、梅村、荡口，直至漕湖，全长43公里，是中国历史上人工开凿的第一条河流，百姓世受其利。数年之间，当地人民殷富，终于在此牢固站稳脚跟。

与此同时，他们在太湖流域构建号"句吴"的方国，并在梅里平墟修筑城郭，营建故吴方国早期都城。太伯被拥立为君主。

无子且品德高尚的开拓者太伯去世后，埋葬在今江苏省无锡市东30里处的鸿山（也叫东皇山、梅里山）南麓，吴人无不悲恸欲绝，哀悼的哭声震天，争相向他的遗体和墓冢敬献鲜花，一时漫山遍野花草无存。

许多后去者不忍空手而归，于是聚众商议，各采集太伯生前喜种之麻束系于腰间，以此表达敬仰怀念之情。这种风俗一直流传至今，并逐渐成为民间为去世长辈披麻戴孝的丧葬礼俗。

吴人为纪念太伯，将其在梅里的居所改为祠庙，经过明清翻修重建，延续至今称太伯庙，又称至德寺、让王庙。大殿前有明代修建的石牌坊，上书"至德名邦"四个大字。太伯庙随后遍及全国各地。仅太伯奔吴的出发地古周原地区，太伯庙现存的就有岐山县叩村、高庙、益店、东坡、北太伯山、后周公，凤翔区姚家沟，陈仓区吴山，太白山大爷海等多处，且庙中塑像均为太伯、仲雍、王季三兄弟。

仲雍继位后，持续带领吴方国发展壮大。仲雍去世后，葬于虞山，其子季简继位。

太伯、仲雍共同被奉为吴地始祖。今江苏省常熟市虞山东麓有仲雍墓。周武王灭商后，派人找到仲雍的后人周章，正式册封周章为吴国国君。

太伯、仲雍作为周代诸侯吴国的前两代君主，被后世奉为吴文化的始祖。他们"志异征诛，三让两家天下；功同开辟，广抨万古江南。"使吴国成为诸侯国中资历最深的西周姬姓诸侯国。

孔子在《论语·泰伯》中云："泰伯可谓至德矣，三以天下让，民无德而称焉。"（太伯三让天下和开发江南的功德，受到后世敬仰）。

《吴太伯世家》被司马迁列为《史记》"世家"首篇。唐司马贞《史记索隐》载："太伯作吴，高让雄图。"著名诗人陆龟蒙就曾作《和袭美太伯庙》诗称颂："故国城荒德未荒，年年椒奠湿中堂。迩来父子争天下，不信人间有让王。"后代骚人墨客，多有颂太伯庙的诗文遗墨。

相传在每年农历正月初九太伯生日这天，梅里一带的人们纷纷前往瞻仰朝拜。农历清明节，梅里乡俗更有祭祀太伯庙的隆重节日活动。

2006年5月25日，明清时期梅里古建筑太伯庙和墓，被国务院批准列入第六批全国重点文物保护单位名单。

位于山西省晋城市太行九泉山，后世为纪念更名为吴王山，为太伯奔吴途经之地。明代《泽州府志》载："吴神山县西南六里，即晋普之支，庙祀太伯仲雍。"此处广植杏树，淳化民风。

开疆君主周王季

王季，又名季历、公季。古公亶父与妃子太姜在岐周所生之少子。周方国首领，商西方诸侯之长。

古公去世后，季历嗣位。他修古公遗道，笃于行义，领导部落兴修水利，发展农业生产，训练军队，积极吸收商文化，并与商王朝贵族通婚。促进周族社会经济发展，壮大自身势力。

周羌联盟的进一步巩固，使得殷商对之无可奈何，转而采取牵制、笼络等办法，将事实上已成为周人家园的岐邑赐给季历，以便利用季历对付已与殷商恶化关系的戎狄。

商王武乙末年，作为周族部落首领的季历，前往商都朝拜。因季历屡立战功，获得武乙赐给的30里土地、10车玉、10匹马。接着，季历征伐西落鬼戎（今山西省西北部一带），俘十二翟王；伐燕京之戎（今山西省汾阳市），失败两年后又伐余无之戎（今山西省南部）获胜。

商文丁四年，在商王朝的支持下，季历利用机遇，率兵极力向东发展，歼灭东邻的程国（今陕西省咸阳市东），打败义渠周围的戎人，征服周围许多较小的戎狄部落。

为麻痹殷商，季历将战利品贡献给商王。商王因而任命季历为牧师，职司畜牧。随之，季历率兵又先后征伐始乎与翳徒之戎（以上两戎均在今山西省南部）。伐翳徒之戎时，俘获三大夫，大胜向商王献捷。商文丁封季历为商王朝西方诸侯之长。

季历率众击退周围的游牧部落，缴获大量财物，俘获许多俘虏，成为显赫的大家族，周部族在渭水中游的统治得到巩固和发展，许多诸侯前往归顺，使周自身发展成为商西部一个强大的方国，并与挚仲氏联姻，势力发展到今天的河南西部。

周的强大引起商的不安。商王文丁为遏制周族势力，以封赏为名，将季历召唤到殷都，名义上封为"方伯"，号称"周西伯"，实则软禁一段时间后以莫须有的罪名杀害。

地处西安市鄠邑区玉蝉乡陂头村西南的王季陵，1957年5月31日被陕西省人民委员会公布为第二批省级重点文物保护单位。

三代之英周文王

周文王，姬姓，名昌，又称西伯昌，为季历之子，商末杰出的政治家，周王朝奠基者，担任周族首领数十年。

周文王少时即仁而有礼，参加农牧劳动，生活俭朴，关心民间疾苦，修养品德，到处做好事。对父季历每日三问安而视膳。继位担任方伯后，师修太王之绪业，继承父亲治国之道，施行裕民政治，大力发展经济，给农民分私田，让庶人助耕公田，纳九分之一地租税，刺激农耕者的积极性；减轻税负，商贾往来关市讥而不征；水泽捕鱼、山梁不禁止砍柴但禁止打猎；穿着庶民衣装到田间劳作，体察农夫辛劳；继承先祖后稷、公刘之业，遵守古公、王季之法，颁布法令允许仁者世禄，"罪人不孥"（不把犯罪之人家属籍沦为奴），"有亡荒阅"（找回逃亡农奴）；怀保小民，惠鲜鳏寡，极力扶持一般平民；"笃仁、敬老、慈少"，积善累德、宽厚待人、礼贤下士、招纳人才；"明德慎罚"。这与残暴的殷纣王朝对付百姓的做法形成鲜明对照，文王因而深受国人拥护。殷商名士太颠、闳夭、散宜生、鬻子、辛甲等人都前往投奔岐周。

从而使周方国人才济济，社会经济发展，国势日益强盛，在殷商西方诸部落中的影响越来越大。

商纣王见周的势力越来越强，就找借口将周方伯文王囚禁在羑里（今河南省汤阴县西北）。文王镇定自若忍痛佯装毫无怨恨，并在狱中潜心探寻天下之理，研究八卦并将之演化，后来逐渐演变成为我国第一部经书《周易》；文王还发明七弦琴，创作名为《拘幽操》的琴曲，经常弹奏。

臣下们为使文王获释，搜罗美女、良马、珍宝等，由散宜生进献商纣王，并厚贿纣王左右。纣王见到所献喜笑颜开，又得知文王在囚禁期间毫无怨言，便在关押的第七年将其释放。

文王获释回到岐邑，向纣王贡献洛西之地请求废除炮烙酷刑，得到允许并赐给他作战用的弓箭和刑罚用的斧钺，以此表示文王有权征伐那些不听命令的叛国者，而且继续册封文王为商朝西北诸侯的首领西伯侯，企图以此收买文王并巩固对西北诸侯的统治。

文王发愤图强、修治内政，决心使周进一步强盛起来，等待时机攻灭殷商、报仇雪耻。他手下虽已有不少文臣武将，但还深感缺少统筹全局的文武之才，便着意寻访。

一次，文王外出在周国西南渭水支流的磻溪河畔，见到一位须发斑白的老人在钓鱼。老人的鱼钩是直的，嘴里还念念有词："愿者上钩！愿者上钩！"他很奇怪，便上前与之攀谈。老人竟上明天文，下知地理，通晓天下形势，胸怀大志，是位难得的文武全才。于是便将之请回周方国首都，立为国师，不久又升任为国相，协助自己总理政治和军事。这位老人就是羌人首领姜太公。

在姜太公的辅佐筹划下，周方国整顿内治、发展生产、提倡礼仪、国泰民安、兵强马壮、开拓国土，公开树起灭商大旗。先向西发展稳定后方，拒昆夷，教化当地土族，征服附近方国。在击退猃狁、大犬戎、密须（均在今甘肃省灵台县）等西北游牧部族的威胁后，亲率周军渡河东征。用钩、梯、临车、冲车等攻城器械，连克黎（今山西省长治市西南）、邘（今河南省沁阳县西北）等商纣的帮凶，灭崇（今陕西省西安市沣水西岸）。接着，将国都自岐下迁到崇的故地，定名为丰邑。取得统一关中的决定胜利后，建造观察天象的灵台，广泛联络受殷商压迫的南国（今陕南、四川、湖北省等地）诸侯。因周国是礼仪之邦，40多个部落方国纷纷归附。文王还调解虞（今山西省平陆县）、芮（今山西省芮城县）两方国矛盾，使之成为周的盟国。殷人逐渐被孤立起来。

文王晚年的时候，周国得到天下三分之二的诸侯拥护，西至今陕甘一带，东北至今山西省黎城县，东到今河南省沁阳县，南达长江、汉水、汝水流域，对商朝余地已形成进逼之势，并创造了大量物质财富。文王临终叮嘱儿子姬发："看见好事，不要懒散，（要）赶紧去做；时机来了，不要犹豫不决，（要）赶忙抓住；看见坏事，（要）赶快避开，别去做。"文王去世后葬于毕原，被追尊庙号（帝王死后在太庙立室奉祀所立名号）为文王。

文王在位50年，为灭商进行充分的准备，在所演《周易》中体现政治理念。他是很有作为的创业主，勤于政事，重视发展农业生产，礼贤下士、广罗人才，拜姜尚为军师，问以军国大计，使"天下三分，其二归周"；秉承先祖遗风，以仁德治国，敬老爱幼、谦虚谨慎；为接待贤者，自己常常都顾不上吃饭，因而伯夷、叔齐等很多贤德之人都来归附。虞国和芮国的国君为争夺土地，很久都没有结果，找文王主持公道。他们到达周国边境，看到农夫相互让田，路人相互让路；来到城镇，看到男女分开走路，头发斑白的老人不负重上路；来到朝廷，看到士人礼让大夫，大夫礼让卿相。于是很惭愧地说："我们所争的，正是周朝人所羞耻的。像我们这样的小人，怎么能来践踏君子的厅堂呢？"他们礼仪全体现在"让"字上。这一美谈，说的是周文王不言而教的深远影响在人们心目中的完美形象，后世儒家称其为"内圣外王"的典范。孔子特别推崇，做梦都想恢复"郁郁乎文哉"的周礼，最崇敬文王、周公等圣人。

忠孝典范伯邑考

伯邑考，姬姓，岐周人，周文王的嫡长子，周武王、周公旦的兄长。《毛诗正义》引《大戴礼》记载，周文王13岁时，生长子伯邑考。伯邑考自幼受母亲太姒的教诲，生性敦厚仁爱，从小到大，从不做违背常理、荒唐离谱的事情，是我国历史上著名的大孝子。

周国在周文王的领导下，不断发展壮大，引起了殷商贵族和依附势力的忌惮。崇侯虎是纣王时期崇国的国君，深得纣王的宠信，被纣王封为侯爵。崇侯虎向纣王进谗言陷害周文王，他对纣王说："西伯侯姬昌积德行善，在诸侯中威信很高，被称为圣人，四方诸侯都亲附于他，这对大王您很不利呀！如不趁现在羽翼未丰时除掉他，以后恐怕就不好对付了。"纣王听信崇侯虎谗言，把周文王召到商都囚禁在羑里城，一晃就是七年。成语"助纣为虐"就源自这件事。

周文王被纣王囚禁后，消息传到周国，急坏了众文武大臣。作为嫡长子的伯邑考，更是心急如焚，他不顾众臣反对，力排众议，坚决要求去虎穴商都救父。伯邑考来商都觐见纣王，被扣押作为人质，为纣王驾车。纣王为了试探文王的忠诚，在精神上打击文王，听信谗言，残忍地烹杀伯邑考，做成肉羹赐给文王，还对部下说："圣人应该不会吃自己儿子做成的肉羹的。"文王悲痛万分，忍痛吃下肉羹。纣王得意地对随从说："谁说西伯侯是圣人？他吃了自己儿子做成的肉羹尚且不自知。"从此以后，纣王放松了警惕，加之周国送来许多宝物，于是就放周文王回到故里。

明代文学家许仲林在小说《封神演义》中为表彰伯邑考的孝行，在情节安排上，让姜太公封伯邑考为中天北极紫微大帝。伯邑考是我国古代备受赞誉的大孝子，他深入虎穴，勇于救父，最后被纣王残忍杀害的故事展示了忠孝精神的伟大力量。他的孝心和孝行为后人留下了深刻的印象，他的事迹在传统文化中占有重要地位，被广泛传颂和尊崇。

开国君主周武王

周武王，姬姓，名发，中国历史上杰出的政治家、军事家，西周王朝开国君王，为周文王次子，其哥哥伯邑考被商纣王残害，因而父亲文王去世后由他继位。

继承君位后，周武王延用太公尚为国相，以兄弟周公旦、召公奭为助手，进一步整顿内部，增强军力，迁都于镐（遗址在今陕西省西安市长安区），秉承文王遗志，精心准备攻灭商纣王朝。第二年，他在盟津（今河南省孟州市南部）大会诸侯，检阅军容，举行伐商演习，历数纣王残暴无道罪状，号召大家对之实行惩罚，要求同心协力、勇往直前。庸、蜀、羌、髳、微、卢、彭、濮等800多个小国诸侯前往参与演习。经派兵侦察商朝内部动静，认为时机未到，遂暂停出兵攻商，各自打道回营。

在韬光养晦、充分积聚力量两年后的春天，武王认为时机成熟，亲自率领戎车（战车）300辆、虎贲（近卫军）3000人、甲等兵45000人，以姜子牙为元帅，指挥近卫军、战车作前锋。联合各小方国部落兵力。农历正月甲子日举行誓师大会。武王左手拿着铜斧，右手执掌着指挥三军的白旗杆，十分威严地大声宣布："今天，我们伐纣大军担当天下重任，替天行道、讨伐昏君，谁若违抗旨意立斩！"将士们个个摩拳擦掌、高歌猛进，从盟津向东一路势如破竹，向着商都朝歌（今河南省安阳市）逼近。在牧野（今河南省淇县南），从侧翼包围商纣队伍，大败其军。

由奴隶充作的商军临阵倒戈，引导配合伐纣大军一起攻打追杀商纣王，冲向敌阵，所向披靡。商纣见大势已去，逃奔到堆积珍宝财物的鹿台自焚而死。

武王率军乘胜占领商都朝歌，宣告商朝灭亡，西周建立。人们在城郊迎候周军及各路诸侯，斩妲己，封比干之墓，表商容之闾，归放倾宫之女，平反冤假错案，表彰贤臣良将，彰显功德，将纣搜刮的钱财粮食散发给民众，收揽人心，安抚商王室子弟；以公、侯、伯、子、男五等爵位分封亲属和近臣，让他们建立诸侯国。封太公尚于营丘（今山东省淄博市），建立齐国；封周公旦于曲阜（今山东省曲阜市），建立鲁国；封召公奭于蓟丘（今北京市），建立燕国……对投诚的微子复其位；封商纣之子武庚为殷侯留在商都，统领原殷王畿一带的遗民，以殷治殷。同时，武王派自己的弟弟管叔鲜、蔡叔度、霍叔处领率大军驻扎在殷都周围，监视武庚，史称"三监"；立新法，稳定局势。各路小诸侯全都前往参拜武王，表示从属于周。

西周建国两年后，武王因病在镐京去世，葬于周陵。后来《尚书》中的《泰誓》《牧誓》以及《诗经》中的《召南》等20多篇文献，都记载有周武王的言行事迹。

治世明君周成王

周成王，姬姓，名诵。周王朝第二位君主，周武王与王后邑姜的长子，姜太公的外孙，出生于古周原，在位22年。

西周建立后不久武王去世，年幼的嫡长子诵继位，史称周成王。天下初定，其四叔父周公唯恐诸侯叛周，于是亲自摄政治理天下。

　　周成王亲朝理政后，派兵东征践奄，营建新都洛邑称成周，成周之会大封诸侯，巩固西周王朝的统治。他与儿子康王统治期间社会安宁、百姓和睦，"刑错四十余年不用"，史称"成康之治"，是周代的兴盛时期。

　　奄国主要分布于今山东曲阜附近，是商朝极有实力的方国之一，在商中期，商王南庚、阳甲均曾定都于奄，到盘庚时方才迁都于殷（今河南省安阳市），而在奄地存留大量殷商子民，并逐渐发展成东方的强大方国，又因其与商的密切关系，而被大量史料称为"商奄"。

　　原分封于殷商旧地的管叔、蔡叔及殷纣之子武庚禄父起兵叛乱，史称"三监之乱"。叛乱爆发得到徐国、奄国、薄姑等东方小国的支持。据史书记载，奄君薄姑当时劝禄父说："武王刚死，成王年幼，周公被天下人怀疑，这正是千载难逢的好机会，请举事！"叛乱的影响很大。周公受成王委托调集大军东征，"一年救乱，二年克殷，三年践奄"，才得以平叛。而此次叛乱的主角们，武庚被杀，管叔自杀，蔡叔被俘；奄国被灭，并将其国君迁到蒲姑（现山东省青州市附近）。

　　"三监之乱"平定之后，周成王开始继承武王的遗愿，在"有夏之居"的"土中"筹建新的都城，用以管理东方广大领土。成王首先派遣太保召公到洛邑察看地形，具体规划建都的地址。召公经过半个月行程，于三月初五到达洛邑。初七，召公指使殷民在洛水北岸规度城郭、宫室、郊庙、朝市的位置，到十一日规划完成。

　　翌日，周公到达洛邑，全面视察新邑，并且进行占卜，在涧水东、瀍水西之间和瀍水东的洛水之滨营建新邑，皆卜兆大吉。于是周公便把营建洛邑的地图和卜兆呈送给成王，得到成王的赞许批准后，于十四、十五两天，宰杀牛、羊、猪等牲畜，在新邑立庙祭地。又经过7天，周公向各诸侯国民和殷民颁发布诰，命令殷民开始大举动工，经过八九个月的兴建，年底成周都城宣告建成。

　　不久，周成王到达洛邑，召公令各方诸侯前往朝贺，并向周公、成王奉献玉璋、大弓等礼品。召公向成王献词，并告诫成王要不负上天重托，不废先王之功业，希望为国之元首的年幼成王能和洽民众。

成王迁宅于土中（洛邑），亲理朝政，更加持重、敬重德行、躬行德教。召公讲："上天将根据帝王的德行赐智慧、赐吉凶、赐享国期限。我王初据新都，更应崇尚美德，祈求上天赐予永久的治理天下的使命。今我率众邦君长，入朝进贺，并非慰劳君王，只是供奉礼品，献祭于上天，使王位世代相传，永无止期。"

成王对召公说："我还年轻，需要您的辅佐，希望您发扬伟大光显的功德，使我继承文王、武王的事业，奉答上帝的教诲，使四方百姓和悦，定都在洛师，隆重举行大礼，有条不紊办理好盛大的祭祀。您的功德光照天地，勤劳施于四方，普遍推行美好的政事，虽遭横逆之事而不迷乱。文武百官努力实行您的教化，我这年轻人就慎重进行祭祀好了。"

成王五年四月，其在京宫大室对武王进行丰福之祭，并对宗族小子何进行训诰说道："何的先父公氏追随文王，文王受上天大命统治天下。武王灭商后告祭于天，将以洛邑作为天下的中心，统治民众。你们这些后辈要记住祖先的荫福。"随后周成王赏赐给何贝30朋。

周公摄政的第七年，在洛邑举行祭祀大典时，周公对成王讲："新都洛邑已成，它将是君始作万民明君之地。在那里，君将首次奉行隆重礼仪，在洛邑举行祭祀大典，这一切都已经有条不紊地进行了安排。"成王说："您勤勉辅佐我这个年轻人，指示我弘扬文王、武王之功业，奉答天命、和抚万民、居于洛邑、举行大典。您的教导，我无不顺从。"

朝贺已毕，成王率领满朝公卿、众邦君长在洛邑举行冬祭。次年正月初一，成王亲政，以朝享之礼各献祭文王、武王之庙1头赤色牛，禀告嗣位大事。成王入太庙，献酒于先王之灵。至此，成王完成迁都和亲政大礼。

成王迁宅之说，文献、考古均可证实。20世纪60年代，在陕西宝鸡出土的何尊，铭文中对成王迁宅洛邑有明确记载，其"迁宅于成周""宅兹中国，自之乂民"等语，记载成王迁宅于成周（洛邑）的历史。古人称的中国，意为天下之中，周王朝在此建立新都，有利于对民众的统治。

成王亲政后，周公写《尚书·周书·无逸》：告诫成王不要过分追求享受，无节制地游乐、嬉戏、酗酒、田猎，于国于身均不利。周王朝苦心营建的洛邑宣告竣工，随即以"四方入贡道里均"为由，以洛邑为新都，史称"新邑"，颁布《召诰》《洛诰》，并为此举行盛大的诸侯集会。这是成王即位以后第一次会盟诸侯，在周朝的历史上也是第一次。各方诸侯以其方物进献王室。史载，这场检阅诸侯的盛会规模盛大。成周朝会诸侯，坛上挂着红帐子，用黑羽毛作装饰。天子成王面朝南方，冠冕上没有垂珠，朝服八彩色，腰间插着大圭。唐叔、郇叔在左，周公、太公望在右，都有冠冕，也没有垂珠，朝服七彩色，都腰插笏板，依傍天子站在坛上。

公元前1031年，周成王率文武群臣曾到凤凰山下的卷阿宴歌游乐，使这里成为中国有文字记载最早的游乐地。唐代初期在凤凰山南麓建起周公庙，庙区东、西、北三面环山，呈"凹"字形，被俗称为"拳阿"。如今，这里已成为著名的景区，其与凤凰山遗址均已成为国家重点文物保护单位。中国周原景区坐落于凤凰山南侧，2018年7月开园。该景区占地面积370亩，以中华周文化展示与传承为核心，以"古、土、乐、奇、巧"为思路，以"天、地、人"为轴线分区，建设有中轴文化展示区，设置了周王室、百工坊、诸子百家园、封神乐园、百鸟乐园、中轴文化展示区共六大主题区，将周文化集中创新演绎，形成集历史古迹参观、文化创新展示、亲子休闲游乐、演艺互动娱乐、特色餐饮体验于一体的多元化大型综合景区。

成王临终前，担心太子姬钊胜任不了国事，便命令召公、毕公率领诸侯辅佐太子登位。成王逝世之后，召公、毕公率领诸侯，带着太子姬钊去拜谒先王宗庙，用文王、武王开创周朝王业的艰难告诫太子，要他一定力行节俭，戒除贪欲，专心办理国政，写下《顾命》，要求大臣们辅佐关照太子钊。

成王作为西周统一后的第二代君主，继承武王遗志，在周公等人的辅助下为周初政权巩固作出杰出贡献。在此期间完成对东国的一系列征伐，巩固周在东方的统治。

西周史墙盘和徕盘等铭文，都认为成王是一个能够统御四方、刚柔并举的"宪圣"君主，贤圣保傅；年虽幼稚，岐嶷有素；初疑周公，终焉克喜；旦、奭佐治，年幼的成王以幼冲隆周德于太平，功冒溥天，声贯罔极，有雉雊迅风之变，闻道早备，登崇大业，刑措不用，流声洋溢。

成王为政以大封诸侯作为重要举措，加强宗法统治权力，对内推行周公"明德慎罚"的主张，务从节俭，用以缓和阶级矛盾；对外不断攻伐淮夷，用武力控制东方少数民族地区，取得很大胜利。另外，还命令周公制礼作乐、规划各项规章制度，从而奠定了西周王朝的基础，社会安定、人民和睦，歌颂太平盛世之声不绝于耳。

公元前1021年，周成王病逝，姬钊继位，是为周康王。召公、毕公率领诸侯，陪姬钊来到祖庙，把文王、武王创业的艰辛反复告诉康王，告诫他要节俭寡欲、勤于政事，守住祖先的基业。

《史记·周本纪第四》《逸周书·王会》《尚书·周书·召诰》《尚书·周书·洛诰》《何尊铭文》等历史文献，均对成王的有关活动有所记载。

盛世天子周康王

周康王，姬姓，名钊，周成王之子，西周第三任君主。据夏商周断代工程研究表明周康王在位时间为公元前1020年至前996年，在位25年。康王逝世后葬于毕原，庙号为康王。

周康王即位后，遍告诸侯，向他们宣告文王、武王的事业，申诫诸侯，写下《康诰》。康王十二年六月，亲自从镐京步行到丰京，并在那里祭祀先祖，沿途由毕公高率军护卫，作《毕命》督促毕公高教化商朝遗民，下令分出成周的一部分民众迁到郊区居住，作为成周的屏藩。康王还派人划定首都镐京的边界，让民众在不同的村落居住。在酆宫（今陕西省户县东）举行诸侯大会，史称"酆宫之朝"。

康王在位期间，在召公奭、毕公高等贤臣的辅佐下，恪守文王、武王的政令，弘扬文王、武王的德行，勤于政务，治国理政。封唐叔虞的少子公明于贾，建立贾国。让盂来辅佐自己主管军队，协调纲纪，及时处理案件，辅佐自己治理天下。经过一番治理后，军队战斗力大大提高。东夷发动大规模的叛乱，康王命令卫康伯率领成周八师、潇公率领师氏、有司和随从小国军队多路出击，平定东夷叛乱。经过此战，东夷元气大伤，再无能力发动大规模的叛乱。

西北方的方国鬼方十分好战，他们长期在马背上生活，骑术精湛，机动性极强，骑兵战斗力特别强，经常侵扰周王朝管辖之地，杀人放火、抢掠财物，给百姓造成极大隐患。周公东征平叛期间，鬼方乘机对西北边境侵犯，给予周朝极大损失和威胁。为使国家长治久安，康王果断发动征伐鬼方的战争。康王二十五年，康王任命得力大将盂率领周军向鬼方大举进攻。经过两次大规模作战，周军取得决定性胜利，斩杀鬼方军队4800多人，俘获4名首领和士兵1.3万多人，并缴获很多车马和大量牛羊等战利品。周军再一次将鬼方驱逐到远离镐京的岐周以西。周王朝西北边境获得很长一段时间的安定，统治人口增加，管辖疆域面积扩大。为庆祝胜利，康王分赏有功诸侯和大夫，赏给参战将领盂俘虏

1700多名，赐给盂祭神的香酒一卣，祭祀用的礼冠礼服、蔽膝、鞋履以及车马；赐给盂嫡祖南公的旗帜，用以畋猎；赐给盂邦国的官员4名，人鬲至车御至步卒659名；赐给盂异族的5臣13名，人鬲各1050名。他要盂不违弃他的诰诫。于是盂颂扬王的赏赐，并制作祭祀嫡祖南公重达500多斤的宝鼎。大小盂鼎均用文字铸刻记载此事。大盂鼎于清代道光年间出土于岐山县京当镇礼村，现收藏于中国国家博物馆中。

周康王继位后第五年，首次来到成周举行禋祀祭天大典，追随周武王祭拜上天，感谢上天对周氏族的赐福。在四月丙戌日，康王在成周训诰王室晚辈说："很早以前，你们的祖辈公氏，能够追随文王，勤奋尽力辅助文王改朝换代接受天命。在周武王制服大邑商时，即刻在此举行祭天大典，向上天宣告'我们要居住在这商王称中的地方，让新周朝国都以此能够造福人民'。"康王告诉宗小子，我们今天千里迢迢来到成周所做的禋祀大典，与周武王当年所做的事情是一样的。

《尚书·周书》中的《康王之诰》，除了用大量篇幅叙述康王登基事项，更有不少其关于加强法律法规等治国方针的记述。《史记·周本纪》记载，在成王和康王统治期间，周朝的经济和国力进一步得到更大发展，国库丰裕，人民安居乐业，社会安定团结，人们生活好了，犯罪案件少了，到处呈现路不拾遗、夜不闭户景象，天下安宁，刑措四十多年不用。这说明周康王在治国理政方面是非常成功的，他与其父成王统治时期，国泰民安，四海宾服，被后世誉为"成康之治"。

儒家元圣周公旦

周公旦，姬姓，名旦，又称叔旦，我国西周初年杰出的政治家，与召公奭、太公望、太史佚并称"周初四圣"。因采邑在周太王古公亶父所居周原之地，位列三公的太傅，故称周公。其为周文王第四子，周武王同胞弟，生于古周原，逝世于丰。他摄政七年，孝悌仁爱、贤能多谋、运筹帷幄、开疆拓土、治国安邦、业绩辉煌，被尊为"元圣"，是儒家学派的奠基人。

周武王即位后，周公经常辅弼，佐助确立经济制度，发展生产、整顿内政、秣马厉兵，处理很多政事；曾陪伴武王率兵东行在孟津大会诸侯，检阅会师部队，举行伐商演习，侦察商朝内情。

周举行大规模的讨伐商王朝的战争。周公冲锋陷阵，并为武王多次出谋献策，尤其在今河南省淇县一带发动"牧野之战"时，周公起草了著名的誓师词——《牧誓》，宣布商纣残害人民罪状事实，号召人们同心征讨商纣，鼓舞军心，大振士气。

周公在西周王朝的建立过程中发挥了极为突出的作用，是周王朝的开国元勋，立下了大功。武王去世后，周公在成王继位上起着最重要的作用，使嫡长子继承制得以确立。他被分封在方圆七百里的曲阜建立鲁国，革车千乘，他让长子伯禽代理鲁国事务，自己尽心竭力代替年幼的侄子、武王的嫡长子成王掌管国家大事，治理天下。他精心勤勉、夜以继日地料理内外政务，起以待士，"一沐三握发，一饭三吐哺"，选贤任能，奖励农桑，促进了周初社会经济发展。

周公提出制定贡赋法的三原则：施德惠要厚、用民力要平、收租税要轻，扩大裕民政治施行地区；主张"以仁治天下"，即使对待殷商遗民也建议实行"义刑义杀"、武力监视、笼络安抚和分化瓦解的办法，缓和当时可能激化的矛盾，以为巩固新兴的周王朝赢得时间；普遍推行井田制，统一规划土地，巩固和加强西周的经济基础。周公摄政期间，将岐周的采邑和分封制度实施范围进一步扩大，实行大封建，先后分封71国，在全国各地形成大小不等的诸侯国，结束了殷商小邦林立的局面。周人从此走向四方，将文明带到祖国各地，边疆和落后地区得到开发，各地经济文化在交流中发展，出现了中国历史上第一次民族融合。

周公摄政引起三哥管叔、五弟蔡叔等兄弟怀疑，于是管、蔡等联合武庚发动叛乱，背叛周朝。他忍受着诽谤中伤，以成王的名义，授权太公征讨东方不服周管的诸侯，还组织力量，亲自率兵东征，全力平定武庚叛乱。他率领周军一鼓作气，平叛"三监"，诛杀带头叛乱的武庚和管叔，流放蔡叔；让微子继承殷朝后嗣，在宋地建国；收集殷朝诸多遗民，封康叔做卫国国君；平复叛乱势力，镇抚或剿灭徐国、奄国、薄姑等东南地区忠于商王朝的 50 余国，控制黄河流域，势力东扩至渤海沿岸，南及江淮流域的一些地区，北到今河北省和辽宁省南部，奠定以后发展的版图基础。

晋唐叔得到一种二苗同穗的禾谷，献给成王。成王又把它赠给远在军营中的周公。周公在东方接受米谷，颂扬天子赐禾谷的圣命。周公摄政度量大，天下皆服。在摄政的第七年，周公还政于 20 岁的周成王，自己坐南面北就臣之位。成王以周公治理天下有功，颁发后世可以天子礼仪祭祀周公的诰命。

周公明德慎刑、敬德保民，替成王向殷商的旧臣发出诰命（《尚书·周书·多士》），向四方众列国诸侯君臣发布诰辞（《尚书·周书·多方》）。周公归政成王后，动员商朝原来属国的人力、物力，替殷"顽民"修筑洛邑（今河南省洛阳市），将不甘心失败的"顽民"迁居其中，告诫他们："若受天罚，本当诛杀；现保留你们的性命，应该老老实实臣服于周，感恩戴德地做顺民。况且分配给你们住房、土地，为你们安居乐业提供了条件。你们更应安心谋生，求得宽恕。"同时，周公召集周属国，在洛邑西边 30 余里处营建王城，派八师计两万兵力驻守，监督顽民。周公这种劝诱、控制、监视和"给出路"的办法，使殷顽民逐渐软化臣服。洛邑和王城作为东都，成了西周东部的政治、军事中心。

　　周公多才多艺，精心创立周朝的礼乐典章官职制度。其制定的《周礼·周官》规定：周天子是全国最高统治者，"溥天之下，莫非王土；率土之滨，莫非王臣"（《诗经·小雅·北山》）。形成了天子、诸侯、卿、大夫、士的金字塔式等级制度和贵族世袭制度。

　　西周时期各地区经济联系薄弱，政治统治涣散。礼治对社会稳定、经济发展起到重要作用。周公提出礼的基本精神是"名位不同，礼亦异数"。他由此规定君臣、父子、夫妇、兄弟、朋友等的尊卑名分与亲疏关系，目的为使礼成为人们在社会生活中不可不遵守、不可不履行的行为规范，保持统治阶级内部和谐和人民不敢犯上作乱，行为适度、不逾矩、不流于偏邪易变。几乎以前所有的礼乐都经过周公的加工整理。礼乐制度在周初大致完备起来并秩序化，因而被称为周公之典，逐渐成为中国几千年的思想政治统治基础，对传统文化注重礼义和淳厚民风的形成给予重要影响，成为儒者所师法的"文武周公之道"，促进了西北文化、中原文化与全国文化的交流、影响、传播与融合。

　　周公为西周政权倾注了毕生心血，为"成康之治"奠定了基础。他在成王亲政11年后逝世，被称为薨，谥曰文，以天子礼祔葬于文王墓之侧。由于他的突出功绩和高尚品德，历史上将他和尧、舜、禹、汤、文、武、孔、孟并列。

　　周公旦摄政初期，尚小的成王与自己感情非常好的小弟叔虞在宫中的一棵梧桐树下玩耍。忽然，一阵秋风吹来，梧桐树上的叶子纷纷飘落。风过后，地上留下了许多桐叶。成王一时兴起，便从地上捡起一片梧桐叶，用小刀切成一个（大臣们上朝时手中所持的）"圭"，并随手将它送给叔虞，以玩笑的语气对他说："我要封给你一块土地，喏——你先把这个拿去吧！"叔虞听到成王这么说，随即欢欢喜喜地拿着这片用梧桐叶做成的"圭"，跑去将此事告知他们的叔父周公。

　　后来，周公听取叔虞告诉自己的话，便换上礼服，在宫中向成王道贺！面对周公的道贺，早已将此事忘得一干二净的成王，不禁一头雾水，不知所以……周公依然面带微笑地对成王解释道："我听说，您已经册封您的小弟叔虞！发生这样的大事，我怎能不赶来道贺呢？"想起此事的成王，忍不住哈哈大笑说："那只不过是和叔虞闹着玩而已，不是真要册封他呀！"周公立即收起笑容，正色对成王说："无论是谁，说话都要以信为重，您身为天子，说话更是不能随便地将之当作是在开玩笑。如此，您才能得到人民对您的信赖！倘使您总是罔顾信义，任意将自己说出口的话视为玩笑，这样，您还有资格做一国的天子吗？"周公之言，令成王深感惭愧……于是，立即将叔虞册封于唐地。

周公为使周成王尽快成长为有为君主，便对之加强教育。因成王是君主，不便指责，所以周公将自己的长子伯禽作为成王的陪读。周成王做得不对的时候，周公就把对成王的教训、责罚转到儿子身上，使周成王受到潜移默化的教育。在周公的教育引导下，周成王终于懂得许多为君之道，为以后治理国家打下坚实基础。

周公言论收存于《尚书》的《大诰》《多士》《无逸》《立政》等篇。

廉政始祖召公奭

召公，姬姓，名奭，又称召康公，西周宗室大臣，周文王庶子，与周武王、周公旦为同父异母兄弟，周初四圣之一。受封于蓟（今北京市西南），建立臣属西周的诸侯国北燕。但他派长子姬克前往管理燕国，自己仍留在京城任职，辅佐朝廷。于是周武王将京畿（国都及其附近地区）之召地（今陕西省岐山县西南）封给姬奭，故称召公或召公奭。

文王晚年，召公曾奉命出使，顺汉水流向而去南国（即分布在长江汉水流域各诸侯方国），宣扬西周德政和睦邻政策（布文王之化），揭露殷纣的苛政暴行，进行外交活动，结交盟国，争取人心，组建反商统一战线，对周王巡视接见南方诸侯等事项进行具体安排，扩大周在南国的影响以及与之的友好合作关系，促进商周斗争的外部形势发生根本变化。

召公辅佐周武王在孟津观兵，大会天下诸侯。在公元前1046年的牧野之战中，召公手持小钺，与手持大钺的周公左右夹辅周武王举行祭社大礼，向上天和商朝百姓宣告帝辛的罪责；接受命令释放被囚禁的箕子和被关押的贵族，主张对殷商遗民区别对待，"有罪的杀，没罪的留下"；奉命占卜确定规划洛邑城郭、宗庙、朝、市的具体位置，参与营建洛邑等活动。

支持周公摄政，安定王室，让自己的长子在封地管理燕国。成王即位至康王初年，他一直独任三公之一的太保（国君辅弼官）之职，精心辅佐，德高望重，民具尔瞻，以致人们用太保作为对他的习惯称谓。周成王十三年，召公陪之游历古卷阿（今陕西省岐山县周公庙所在地）。

武王去世，继承王位的周成王年仅13岁，周公旦当国摄政，召公奭有所怀疑。在周公旁征博引说服和一心代政理朝事实的证明下，召公摒弃前嫌转而支持、忠心辅佐，并参与东征。成王去世，召公与毕公率领诸侯，引导康王拜谒先王宗庙，写作《顾命》，反复告诫其注重节俭、去除贪欲，以专志诚信统治天下。在他们的全力辅佐下，开创出"刑错四十余年而不用"的"成康之治"，为周王朝奠定延续800多年的坚实基础。

召公辅政与治理封地，不愿烦劳百姓，巡行城邑乡里，多次处理政事、听断案件、勤廉保民于刘家原甘棠树等陇陌阡亩之间，上至侯伯、下至庶人各得其安，政通人和、深受爱戴。国人颂其德、悦其化、思其人。臣民思念他为政仁慈，留甘棠树并作诗歌赞颂："蔽芾甘棠，勿剪勿伐，召伯所茇"（《诗经·召南·甘棠》）。召公言论见于《尚书·周书·召诰》。

康王二十六年，召公去世后，百姓思念他的政绩，怀念棠梨树而不敢砍伐。这便是成语"甘棠遗爱"典故的由来，后世多以此典故颂扬离去的地方官。

历代名人对召公的评价很高。《淮南子·卷二十·泰族训》："文王举太公望、召公奭而王……观其所举，而治乱可见也；察其党与，而贤不肖可论也。"《史记·燕召公世家》记载："召公之治西方，甚得兆民和""召公奭可谓仁矣！甘棠且思之，况其人乎？燕迫蛮貉，内措齐、晋，崎岖强国之间，最为弱小，几灭者数矣。然社稷血食者八九百岁，于姬姓独后亡，岂非召公之烈邪"。《史记·太史公自序》云："武王克纣，天下未协而崩。成王既幼，管蔡疑之，淮夷叛之，于是召公率德，安集王室，以宁东土。"戴德："洁廉而切直，匡过而谏邪者，谓之弼；弼者，拂天子之过者也；常立于右，是召公也。"司马贞《史记索隐》："召伯作相，分陕而治。人惠其德，甘棠是思。"唐甄云："为将军者若吕牙，为巡抚者若召奭。"后人在刘家原等多地为他修建祠庙。

百家宗师太公望

太公望，华夏族，本名姜尚，别称吕尚、吕望、姜太公、齐太公，字子牙，号飞熊。商末周初历史人物，其始祖因辅佐大禹治水有功而被封于吕地，因此得吕氏（为吕氏始祖并建立吕诸侯国）。周文王倾商与武王克殷的首席军师，最高军事统帅与西周的开国元勋，齐文化的创始人，亦是中国古代影响久远的杰出谋略家、军事家与政治家。主要成就在于辅佐周武王灭商建周与建立齐诸侯国等。历代典籍都公认他的历史地位，儒、道、法、兵、纵横诸家皆追他为本家人物，被尊为"百家宗师""兵家始祖"。

家道中落至姜太公时已沦为寒微贫民。其年轻时择主不遇，飘游不定，为维持生计，曾在商都朝歌（今河南省淇县）宰牛卖肉，又到孟津（今河南省洛阳市孟津区）做过卖酒、卖馍生意。但他动心忍性、胸怀大志、观察风云、等待时机、勤苦学习，始终不倦地研究，探讨治国兴邦之道，以期有朝一日能够大展宏图，为国效力。

殷商王朝走向衰亡时，壮心不已的姜太公获悉周文王正在广求天下贤能之士，谋求治国兴邦。于是毅然离开商都，到达渭水之滨的西周领地。栖身于磻溪，终日以垂钓为事，静观世态的变化，待机出山。一天，他在磻溪垂钓时，恰遇到此游猎的西伯昌。二人不期而遇，终于遇到施展才华之机。

周文王向学识渊博、通晓历史和时势的姜太公请教治国兴邦良策。姜尚当即提出："一曰君以举贤为常，二曰官以任贤为常，三曰士以敬贤为常。"这"三常"的意思是：治国兴邦必须以贤人为本，需要重视发掘、使用人才。周文王非常高兴地说："我先君太公预言，'当有圣人至周，周才得以兴盛。'您就是那位圣人吧？我太公望之（盼望先生）久矣！"于是，周文王亲自把姜尚扶上车辇，载与俱归西岐王室，拜为太师（西周"三公"中的最高长官，既主军也问政，在朝中地位非常重要），故称"太公望"。姜太公终遇明主，从此有了用武之地。

不久，纣王怀疑周文王欲图谋商之天下，将其拘捕在商都附近羑里监狱。于是，姜太公、散宜生等人广求天下美女和奇玩珍宝献给纣王，救赎出文王。文王归岐，便与姜太公共同谋划倾覆商纣大业。姜太公策划出许多兵家谋略。

姜太公辅佐周文王修德振武，制定强周灭商的一系列内外政策。对内，实行农人助耕公田纳九分之一的租税，八家各分私田百亩，大小官吏都有分地，子孙承袭。这些作为俸禄的经济政策，促进生产发展，奠定灭商经济基础；对外，表面恭顺麻痹殷纣王，暗中实行逐步拉拢、争取邻国，瓦解殷商王朝的盟邦，剪除其羽翼，削弱和孤立殷商顽固体系。在姜太公的积极策划下，归附周文王的诸侯国和部落越来越多，逐步占领大部分殷商王朝的属地，形成"天下三分，其二归周者，太公之谋计居多"（《史记·齐太公世家》）的局面。

周文王去世，刚继位的周武王拜姜太公为国师，尊称"师尚父"，继续辅佐周国朝政，并对之言听计从，时时慎于行赏，力求令行禁止，周国政治愈益清明、羽翼丰满、国势日隆。

为探察东讨商朝的情势和诸侯响应程度，周军在武王和姜太公统率下浩浩荡荡奔赴举行"孟津观兵"。军队出师之际，姜太公左手拄持黄钺，右手握秉白旄誓师，说："苍兕苍兕，统领众兵，集结船只，迟者斩首。" 800个诸侯（占商国1800多个诸侯国的44%强）率兵按时会至孟津。武王与太公共同作《太誓》。这次灭商预演，在诸侯国间产生了强烈响应。

武王问姜太公："殷大臣或死或逃，纣王是否可伐？"姜太公答道："天与不取，反受其咎；时至不行，反受其殃。"武王闻言，决意举兵伐纣并遍告诸侯。遂以姜太公为主帅，统领兵车300乘，虎贲（猛士）3000名，甲士4.5万人，联合诸侯国，共同出兵进取商都。

姜太公鼓动说："今纣刳比干、囚箕子，伐之有何不可？举事而得时，则不看时日而事利，不假卜筮而事吉，枯草朽骨，安可知乎！"并亲自提袍鼓掌，率众抢先涉河统兵前进。

甲子日，周武王率领大军会合庸、蜀、羌、微、卢、彭、濮等方国部队战车4000乘，陈师牧野（今河南省淇县南），与纣王的17万大军展开决战。翌日拂晓，举行庄严"牧誓"，武王立于社坛之上……姜太公牵来祭祀之牲口……向神祇禀告讨伐商纣罪恶之事。誓词历数纣王听信宠姬谗言，招诱四方罪人和逃亡奴隶，暴虐残害百姓等罪行，说明伐纣是替天行道，并宣布战法和纪律要求，激励战士勇猛果敢作战。武王派遣姜太公统领百名精锐勇士发起挑战（"致师"），接着指挥戎车300乘、虎贲3000人，甲士，45千乘势驰逐冲。纣师虽众，皆无斗志，而且"前徒倒戈"——前面的士卒掉转枪头指向商都，给武王开路。在此情势下，武王指挥全军奋勇冲杀。结果，商纣王的队伍当天就土崩瓦解。商纣王后苏妲己等人被姜太公及大周军士斩首示众。纣王见大势已去，在鹿台投火自焚，至此，殷商王朝宣告灭亡。

牧野之战之所以能大获全胜，多赖姜太公英明的组织指挥。作战时机选择在纣王麻痹松懈、众叛亲离之时；以"吊民伐罪"为号召，联合诸侯共同组成伐商强大力量；首先指挥兵车、猛士从正面展开突击，尔后以甲士展开猛烈冲杀，从而一举打乱商军阵势。夺取战争胜利后，经与姜太公等人谋议，武王发布散发商纣积聚在鹿台的钱币、发放囤积在巨桥的粮食赈济饥民、培筑加高比干之墓、释放被囚禁的箕子、把象征天下最高权力的九鼎迁往周国、修治周朝政务、与天下之人共同开始创造周王朝。在如何处置殷商遗民问题上，姜太公建议："爱屋及乌。如果相反，不值一爱，那么村落里的篱笆、围墙也不必保留。"意思是不光杀掉殷纣，连敌对的殷人也不能保留，要统统杀掉。

姜太公因灭商有功被封于齐地，都城设在营丘，成为建齐始祖。他在齐国政局稳定后，开始改革政治制度，顺应当地习俗，简化繁文缛节；大力发展商业，让百姓享受鱼盐之利。于是，齐国逐步发展成为当时富国，天下很多人被吸引前往，摄政王周公代授给姜太公以专征专伐特权。从此，齐国成为大国，疆域日益广阔。

姜太公作为中国古代第一个军师型著名军事家，署名他的军事著作，在《汉书·艺文志》道家类中著录有《太公》237篇、《谋》81篇、《言》71篇、《兵》85篇。《乾坤万年歌》传闻为姜太公所著，是"三大预言奇书"中最早出现的，它从宇宙起源开始，构架出万年之久的历史进程。署名姜太公著述的《六韬》，又称《太公六韬》《太公兵法》《素书》，是一部集先秦军事思想之大成的著作，对后世的军事思想有很大影响，被誉为兵家权谋类始祖之书。司马迁在《史记·齐太公世家》中称："后世之言兵及周之阴权皆宗太公为本谋。"北宋神宗元丰年间，

《六韬》被列为《武经七书》之一，为武学必读之书。《六韬》在16世纪传入日本，18世纪传入欧洲，现已翻译成日、法、朝、越、英、俄等文本，它虽非太公自著，但亦基本反映其军事实践活动和韬略思想，在中国战争史上占有重要地位，对后世用兵发挥了深远影响。

满腹韬略的贤臣姜太公，一直深受历代统治者崇尚。他在《诗经》等许多史料及文学作品中的颂文颇多。孔子评价："太公兼利天下者也。"司马迁："太公至国，修政，因其俗，简其礼，通商工之业，便鱼盐之利，而人民多归齐，齐为大国。"唐太宗李世民自称姜太公化身，在磻溪建立太公庙，意喻他要像周文王那样访贤并重用姜太公似忠贞不二、披肝沥胆、呕心沥血、勤勉事主的人才。唐太宗得到一大批治世理国贤臣良将实现"贞观之治"后，唐玄宗开元十九年（731年）敕令天下诸州各建一所太公庙。并要求以张良配享，在春秋仲秋月上戊日祭祀。每当发兵出师或各将领及文武举人应诏，都要先去太公庙拜谒。唐玄宗开元二十七年（739年）追谥姜子牙为"武成王"，成为中华武圣人。宋神宗熙宁五年（1072年）为抵御外寇入侵，下令要求各军事将领必读《太公兵法》。从而确立了姜太公中华民族韬略理论开山祖地位。太公在军事理论、政治与经济斗争等策略思想方面，都留下了不可磨灭的丰富遗产。中国古代兵论、兵法、兵书、战策、战术等一整套军事理论学说，就其最早发端、形成体系、构成学说来说，都源自太公。其被称为兵家宗师、齐国兵圣、中国武祖。太公的文韬武略亦被当今世界政治、经济、管理、军事、科技等各个领域所借鉴。

姜太公一生坎坷多磨而又轰轰烈烈、神秘莫测。其在军事、政治、经济、思想等方面均有卓越建树，尤以军事为最。他是中国历史上一位全智全能人物，也是中国文艺舞台上一位"高、大、全"形象，还是中国神坛上一位居众神之上的神主。作为宗教的神仙，他是武神、智神，被奉为"姜太公在此，百无禁忌"的护佑神灵，尊崇他的权贵无以复加。

人们崇拜姜太公的高尚人格，悼念他的丰功伟绩，以朴实的感情编造出很多有关他的神话故事，歌颂他曾在昆仑山学道，后奉师命下山助周灭商，灭纣之后又奉师命发榜封神。《太平御览》和《封神记》等书逐步将他神化。明许仲琳崇敬太公，无法形容时便以神化面貌编出《封神演义》，把他说成管天下所有神的神，太公威严神奇成为驱邪扶正的偶像。这些虽然超出了历史的真实，但却反映出姜太公在人们心目中的崇高地位。

忠诚担当、敢恨敢怒、大智大勇的姜太公，由于被蒙上了一层历史的面纱，使人们难以窥见其真实面貌。人们出于对高智高能英雄人物的敬畏，逐渐把有血有肉的太公塑造成一个奇人、超人，甚至进一步神化，成为众神之主、仙班之首。在民间，姜太公成为"众神回避"的守护神。这是因为他先进的政治（爱民惠民保民、"举贤尚功""从俗简礼""主位""安徐而静""勿妄而许，勿逆而拒""以天下之心虑""圣人将动，必有愚色"）、经济（大农、大工、大商之三宝）、军事（爱兵和武攻文伐、"阴谋修德"与"兵权奇计"）、文化（尚时重变等）思想，永远闪耀着仁者的高尚和智慧的光芒，指导人们依靠主观能动性推动客观事物转化，从而因势利导，取得胜利。

四朝元老毕公高

毕公高，姬姓，名高，周文王第15子，周武王异母弟。因其为西周成王、康王时期的三公之一，故称毕公或毕公高。

作为文王庶子的毕公，其与周公旦、召公奭等人一起护卫周武王兴师伐纣进入商都，立下赫赫战功，并在商都神社祭告天地。他负责处理被商纣关押的犯人，宽大为怀地平反不少冤狱，表彰因直谏受害的功臣，因而声名鹊起，成为"周初四圣"之一，著名贤人，深受殷民爱戴，反被殷纣废黜的大臣商容"视其为人严乎将有急色，故君子临事而惧"。

周成王继位后，作为太史的毕公高与周公旦、召公奭等人一起辅政。成王逝世后，太子姬钊继位，史称周康王。作为顾命大臣的毕公高和召公奭等人，共同率领诸侯，引导康王瞻仰先王宗庙，反复告诫：文王、武王成就王业不易，要重诚信、开拓进取、节俭，专心致志治理天下，并将之写成《顾命》。受王命，他带领部分民众迁住东郊作成周屏藩。

毕公与召公等人又一起持续辅佐周康王，使周王朝的经济文化取得较大发展，天下安定，形成40多年刑罚不用的"成康之治"。成为毕诸侯国和毕姓始祖。其子季孙受封潘国（据说其地在今陕西省北部，子孙以采邑命氏），附庸于毕国，为潘姓始祖。后裔毕桓为周穆王时期的三公之首。毕公后裔的姓氏主要有毕、魏、潘、冯、令狐、庞等。

周康王评价毕公高说："惟公懋德，克勤小物，弼亮四世，正色率下，罔不祗师言。嘉绩多于先王，予小子垂拱仰成。"隋朝颜之推认为："毕公无老，保釐洛邑，惟公受采，其事不忒。"《史记·魏世家》说："武王伐纣，而高封于毕，于是毕姓。"《集解》："杜预曰：毕在长安西北。"《正义》《括地志》："毕原在雍州万年县西南二十八里"（亦称毕陌、毕原、咸阳原，在今陕西省咸阳市北毕原，又一说在今陕西省西安市），地域西至兴平市东部，东抵秦咸阳城遗址，北抵泾阳县泾水南岸，南抵渭水；地面平坦、土壤肥沃，是关中平原富庶之区。封于此地的毕国得天独厚。唐代史学家司马贞《史记索隐》曰："毕公之苗，因国为姓。大名始赏，盈数自正。胤裔繁昌，系载忠正。"

在出土文物方面，毕公龟甲刻辞为西周早期卜甲。1977年岐山凤雏西周甲组宫室（宗庙）建筑基址西厢2号房11号窖穴出土。长2厘米，宽1.3厘米。卜辞1行2字，记载了西周王族，周武王克殷，封高于毕，成王治理，康王命其分居里、管理东都成周、安定周郊等事件。

康王命作册毕，命为册书，以命毕公，作《毕命》（言毕公见命之书），分居里，成周郊，分别民之居里，异其善恶。成定东周郊境，使有保护。以成周之民众命太师毕公，使安理东郊之民，令得其所。

后来，毕国国灭。春秋时，其后裔毕万侍奉晋献公诡诸，为司徒。毕万因功封于魏城，子孙以魏为氏。自毕万被封于魏，传至魏文侯斯，与赵、韩三家分晋，建立魏国。

周初四圣太史佚

太史佚，原名尹佚，尹逸，西周初年太史，与周公旦、召公奭、太公望并称"周初四圣"，地位显赫。他曾写过《史佚之志》，对中国早期文明社会的政治理论进行了总结，现已失传。

周文王时，太史佚就担任史官一职，负责记录祥瑞之事，朱雀丹书就出自他的记载。太史佚博学多闻，德高望重，深得周武王赏识，凡有大事也多与之商议。武王召集四方诸侯在"孟津观兵"，启动伐纣军事演习，太史佚参与了这一重要的政治活动，他记录了当时发生的"白鱼跃船"的祥瑞之兆。武王伐纣时，太史佚随军征战，作为史官他专门负责记录战争中所发生的一切大事。纣王惨无人道，百姓离心离德，在牧野之战中，士兵纷纷倒戈，纣军大败，纣王自焚而死，武王挥剑砍下了纣王头颅。太史佚记录下了这一时刻天空的星座和月相，凯旋归宫后，命铜匠在利簋上铸下了"岁鼎克闻夙有商"的铭文，为后世提供了珍贵的史料记载。

武王病逝后，成王继位，按照明堂之礼，太史佚的地位次于召公奭，站立在周成王身后，负责提醒周成王遗忘的事情，以便更正成王的过错，《尚书大传》称之为"大后丞"。太史佚作为重臣，肩负着教导成王的重任，他认真负责，高度关注成王的言行举止，及时督促成王纠正的错误。有一次，成王与弟弟叔虞玩耍，戏将桐叶剪成珪状，送给叔虞嬉笑着说："我将这个封给你吧！"太史佚记录下来，后来提醒成王选择吉日，分封叔虞作诸侯。成王说："这是我们小孩子间的玩笑话，怎么能作数呢？"太史佚严肃地说："天子要以诚信为本，不能有戏言，您的一言一行都会记录在史书上的。"于是成王选择吉日，分封叔虞作唐地的侯国。正是太史佚这句"天子无戏言"，为后人留下了"君无戏言"的典故。

文王四友南宫适

南宫适（kuò），又称南宫子，名适，南宫氏始祖，西周开国元勋，著名贤臣，与散宜生、闳夭、太颠四人并称"文王四友"。他辅佐文王、武王、成王三代君主，为西周王朝的建立和政权巩固立下了汗马功劳。

周文王即位后，修身养德，实施仁政，招贤纳士，在诸侯中享有盛誉。南宫适听闻后，投奔周文王。《帝王世纪》曰："文王昌……敬老慈幼，晏朝不食，以延四方之士，是以太颠、闳夭、散宜生、南宫适之属咸至，是为四臣。"在众贤才的辅佐下，周国实力强大起来，引起商纣王的忌惮，崇侯虎向纣王谗言陷害周文王，于是纣王将文王囚禁在羑里。消息传回周国，南宫适积极参与营救行动，与太颠、闳夭、散宜生赴羑里探望。他出谋划策，搜集美女、骏马和奇珍异宝献给纣王和左右宠臣，使文王脱离虎口，平安回到西岐。

周文王回来后，广施仁政，招贤纳士，积极为伐纣做准备。时机成熟后，文王开始蚕灭商朝的依附势力。南宫适受命率领大军讨伐商朝周边的小国，在文王的支持下，南宫适征伐黎国，邻近的邘国出兵支援黎国，南宫适大败两国军队，还俘虏了两国的国君。文王下令把邘侯迁往翟，赦免黎侯，让他回国反省。在南宫适等众臣的辅佐下，文王后期，天下有三分之二的诸侯都归附周国。

周文王逝世后，武王即位，南宫适继续辅佐武王，开启伐纣大业。据《尚书·周书·泰誓》《左传·昭公二十四年》等文献记载，武王称自己有"乱（治）臣十人，同心同德。虽有周亲，不如仁人。"据东汉学者马融、郑玄等人考证，南宫适就是武王所称的十个重要大臣之一。西周建立后，南宫适受命将纣王搜刮囤积在鹿台的财宝和聚积在巨桥的粮食分发给穷苦百姓，并与太史佚一起将传国之宝九鼎迁到了周朝国都。

武王病逝后，成王继位，南宫适作为托孤大臣之一，承担着教导幼君的重任。他与周公旦、召公奭、太公望等重臣齐心协力，辅佐成王，在他们的共同努力下，开创了我国历史上第一个治世——成康之治。

毛姓始祖毛叔郑

毛叔郑，姬姓，名郑，华夏族，他是周文王的第十三个儿子、周武王的弟弟和毛氏家族有世系可考最初的远祖，毛姓毛国始祖。

西周王朝建立后，周天子分封诸侯，毛叔郑贵为王室宗亲，被分封到陕西省岐山县、扶风县一带（见1979年版《辞海》第1453页和《姓源》），建立毛国。毛叔郑治国有方，毛国百业兴旺、政通人和。毛叔郑后代子孙中名人层出不穷，西周有毛公、毛尚书、毛父，战国有毛遂，西汉有毛亨，五代有毛文锡，明朝有毛世济，清朝有毛庚，开国领袖毛泽东是现代毛姓中最著名人物。

毛叔之子师汤父，曾在周新宫的射庐接受周天子赏赐的弓、矢。他可能服务于周举行的射礼，或直接参与了射礼，并且表现优异。他的称谓"师"说明其是一位王朝的军事官员。师汤父的墓葬发现于周原遗址的齐家村东（参见罗西章：《陕西周原新出土的青铜器》，《考古》1999年第4期）。西周晚期，毛公因周宣王颁赠命服厚赐铸鼎传示子孙，人们将该鼎称为毛公鼎。此鼎于清道光年间在岐山县贺家出土，铭文497字，为传世青铜器最长的铭文。

毛公的后代毛尚书，在周代末年担任朝中尚书，辅佐周天子。去世后按其遗言，埋葬于周祖圣地西岐毛家庄。坟墓占地1000多平方米。明清时期，毛家庄族人为墓堆上再次培土将之增高，增竖石碑、石人和石马，并建起香房等设施，总占地面积达到5亩之多。

毛叔郑的后代子孙以国为氏，形成陕西岐山毛氏。秦灭周之际，毛氏家族遭劫，四处逃散，流落全国各地。毛姓后裔居住村庄或族落地点，全国各地分布较多。留在岐山的毛氏家族后人和后来从外地迁回毛家庄者，隐名易为杨姓在此祭祀毛祖。甘肃天水毛家庄、周至毛家西沟等各地毛氏后人，都曾找回岐山毛家老家祀祖。目前，居住在岐山毛家庄的杨姓后裔，大多为明朝初中期经商于山西的移民后代，现已传至数十代。

地处岐山毛家庄的千年古寺——毛毛寺，是我国早期佛教寺院之一，亦是毛氏家族的寺院。其西距岐山县城30公里，东与佛祖胜地法门寺相隔于七星河。该寺院兴盛时占地10余亩，有山门、大佛殿、地母宫、关帝庙和僧房共30多间，僧人20余人，大佛殿塑有华严三圣神像。寺内香烟浓浓，远道佛家信使络绎不绝，类似的省内外州县官员，来寺拜佛者车水马龙。爱国将领杨虎城将军陪同母亲骑马坐轿，并附随从多人，于1933年到寺拜佛上香许愿，祈求国泰民安。

"文化大革命"中，上述建筑均被毁坏。2017年前后，村中老人及四方佛徒上千人，慷慨捐资、义务投劳，在原址重新修建起5间砖混结构、高8米有余飞檐翘角、斗拱重叠、五脊六兽、雕梁画栋的毛毛寺大佛殿及其配套的房舍，重塑佛身、佛光普照。清朝时期，两次修缮毛毛寺的两座石碑竖立在新建的大佛殿前东南侧院中，梵文石碑现已陷于井中。目前，县镇已经将之作为文旅商体融合发展品牌承载地进行打造。

毛公鼎、毛尚书之墓、毛毛寺，均为毛叔郑所建毛国之见证。

忠节义士伯夷、叔齐

伯夷、叔齐是商纣王末期孤（觚）竹国（今河北省卢龙县）第八任君主亚微（殷商始祖契的后代）的长子和第三子，子姓，墨胎氏。长子名允，字公信，伯夷为后来的谥号。叔齐，为第三子，名致，字公达。

3000多年前，冀东大地唐、秦地区（大体包括今河北省秦皇岛市全部、唐山市东部和辽宁省西南部，都城在现卢龙县城附近）为孤竹诸侯国中心辖区。考古资料证明，孤竹国牲畜饲养和农副产品交易繁忙，酿酒、渔猎、煮盐、冶炼以及手工业较为发达。从觚竹本意来看，以书写的文具反映这个国家已经有比较高的文化。该国是商王朝的一个宗族国，其国君墨氏。墨氏在文献中或作墨夷氏、目夷氏。《史书·殷本纪》记载："契为子姓，其后分封，有殷氏、来氏、宋氏、空桐氏、稚氏、北殷氏、目夷氏。"也就是说，孤竹国君为建立商王朝的商部落始祖契的子孙后代。孤竹国建立于夏代，入商为商代的同姓诸侯国。从契到汤灭夏桀建立商朝，共传14代。在这个历史时期内，商部落的不断扩大，孤竹国作为其宗族国，为最终建立殷商王权，起到物资和人员输送的战略支撑作用。

初，孤竹君欲以三子叔齐为继承人，父薨后叔齐让位于伯夷。清廉自守的伯夷遵从父命，放弃自己嫡长子继承王位的权利，逃到孤竹国外。大家推举叔齐做国君时，叔齐认为自己若继承王位，既破坏礼制，又于兄弟不恭，也逃到孤竹国之外。于是，国人立中子亚凭继承王位，成为孤竹国第九任国君。

叔齐和他的长兄巧遇。他俩听说周文王善养老人，于是双双前去投奔。不久文王去世，武王继位。两人走到孟津，正赶上周武王讨伐纣王。伯夷和叔齐不畏地上前叩马谏伐曰："你父亲死了不在家守孝，还大动干戈，这能称得上孝道吗？你作为商朝的臣民，前去弑杀自己的君主，这能算得上仁义吗？"周武王身边的随从人员要杀掉他们。姜太公说："此二人是有节义的人啊。"并搀扶着他们离去。武王伐商功成，伯夷、叔齐隐居求志，不与武周为伍，谢绝周武王的封赏和高官厚禄，"采薇而食"，直至饿死首阳山。夷齐让国、叩马谏伐、耻食周粟、甘饿首阳的典故，被司马迁编列为《史记·伯夷列传》，并流传于民间。伯夷、叔齐饿死前所唱的那首《采薇歌》和古琴曲《伯夷操》为其主要作品。

伯夷、叔齐兄弟在当时的历史条件下，不为王位相争而相让，是可贵的。因此，有关伯夷、叔齐事件自古就广为传颂，对谦恭揖让民族传统的形成产生过积极影响，他们身上所折射出的高尚气节，永远值得传承弘扬。夷、齐仁义礼让、勇于担当的品行，是遵守规则、家庭和睦、社会和谐的楷模和精神家园。

秦国贤相蹇叔

蹇叔，子姓，蹇字本是名字，其后人以祖名蹇为姓，称为蹇氏，世代相传。约公元前690年，蹇叔出生于宋国铚邑（今安徽省淮北市濉溪县临涣镇鸣鹿村）；秦康公十一年（前610年）去世于定居地雍州岐地（今岐山县）五丈原蹇家沟，时年81岁。因百里奚举荐入仕成为春秋时秦穆公丞相，历史上著名的政治家和军事家。《通志·氏族略》载，蹇叔是蹇姓氏族单纯又唯一的始祖。"千里行师，老成进谏；三朝著绩，银印增荣。"这是蹇姓宗祠通用楹联。其上联指春秋时秦国上大夫蹇叔极力谏阻秦穆公远袭郑国的典故。蹇叔获"霸王之佐"美誉，名望之高，才智、功业令后人仰慕！岐山五丈原蹇家沟曾经建有蹇叔祠。

蹇叔淡泊名利、与世无争、乐于农耕、志趣高远、识人察事、深谋远虑，对未来充满希望，怀着善良的本性、责任和道义，为生活歌唱，为心灵吟诵，具有诗人风情、大家气概与智者的泰然自若。早年游历齐国时，与相貌奇伟、志趣相投的百里奚结为知己。秦穆公五年（前655年）冬，秦国五羖大夫百里奚介绍说："蹇叔见识高远，胜我十倍，乃当世之贤才。请任蹇叔，臣甘当辅佐"，于是，穆公以厚礼从宋国聘回蹇叔，与之探讨治国图霸的良计。

蹇叔说："秦与西戎相接，百姓久与戎民杂居，多数不懂礼教，因此应该首先使百姓懂得法律的威严，知事有可为，也有不可为者；要加强对百姓的教导，使他们知道荣辱；要树立国家的正气，对犯罪的人施以刑罚。这几件事办好了，富国图霸的事才有基础。"穆公问："秦国可以争霸中原吗？"蹇叔说："齐桓公年将七十，霸业已衰。秦国地处西方，应先平定戎狄，解除后顾之忧，然后养兵蓄锐，等待中原变化，即不难代替齐国成为霸主。"秦穆公问："想称霸诸侯，该从哪做起？"蹇叔答道："称霸诸侯，信义为先。必须三戒，力戒贪图小利、气愤蛮干、急于求成。还得明辨形势，分别缓急"（"毋贪，毋忿，毋急。贪则多失，忿则多难，急则多蹶"）。并进一步解释说："人们吃亏往往是因为贪图小利；失去理智往往是因为愤怒而冲动；做事失误或失败，往往是因为急于求成，而没有细加筹划。只有打下牢固的基础，才能去创图霸业。"

雄才大略的秦穆公对蹇叔佩服不已，发自肺腑地道出自己内心的喜悦，"蹇叔和百里奚真是我创立霸业的左膀右臂啊！"于是将蹇叔拜为上大夫，迁右庶长，百里奚为左庶长，也就是"二相"。从此两人同掌朝政，呕心沥血，协理国政，辅助秦穆公知己知彼、教化民众、实施变革、兴利除害，使秦国一天天地强大起来，最终成就了穆公的霸业。《东周列国志》中有一首诗这样赞道：

> 子絷荐奚奚荐叔，转相汲引布秦庭。
>
> 但能好士如秦穆，人杰何须问地灵。

蹇叔和百里奚在秦国任相兼政时，均已进入老年行列。但是，他俩仍然及时发表真知灼见，为秦国向东西两方面发展作出重要贡献，辅佐秦穆公成就霸业，位列"春秋五霸"之一。这种老有所为、老而为之的精神和行为既让人惊奇，又让人佩服、感动。他们作为杰出的政治家，蹇叔与老友百里奚一起，依靠出众的才智和超群的谋略，使僻处一隅的秦国逐渐强大起来，为秦国取得霸主地位，起了不可低估的作用，在其晚年建树辉煌的业绩。可以说，蹇叔和百里奚的智慧改变了中国历史的进程，一个文明程度最落后的小国从此开始领导中华文明。秦穆公正是因为得到蹇叔、百里奚，在他们的辅佐之下才最终成就霸业，成为"春秋五霸"之一。于是就有了秦无"蹇"不成霸与"百里致霸"之说。

穆公三十二年（前627年）冬，秦穆公发兵攻打郑国，欲利用安插在郑国的奸细里应外合，夺取郑国都城。蹇叔认为秦国离郑国路途遥远，兴师动众长途跋涉，"让军队辛勤劳苦地偷袭远方的国家……（会导致）精疲力竭，远方国家的君主又有防备……军队的一举一动，郑国必定会知道。军队辛勤劳苦而一无所得，一定会产生叛逆念头"。他凭着自己丰富的阅历和政治经验，根据秦、晋、郑三方情况，分析全面，陈词剀切，将潜在的危险一一道出，对"劳师以袭远"这一违反常识的愚蠢行径作出彻底否定，指出劳师远袭、疲惫不堪，没有战斗力，必定惨败无疑。蹇叔以理相劝未果。

次年，秦军整装待发之际，蹇叔向孟明视（百里奚的儿子）等将哭道："我能见秦军出征，但再也见不到你们回来了。"认为把取胜的希望寄托于出卖自己国家之人身上，寄托于侥幸上，而远行千里袭郑是靠不住的。因而坚决反对出兵作战。预料可能在军事要地崤（又写作殽，山名，在今河南省洛宁县西北东宋王岭交战沟，地势极险）函遭到伏击。然而，利令智昏、一意孤行的秦穆公执意要派孟明视和白乙丙、西乞术（蹇叔的两个儿子）三帅率部出征。蹇叔哭师遭到秦穆公的怒斥和谩骂："你懂得什么？假若你活到中寿死去，坟墓上的树都快长到两人合抱那么粗了。"蹇叔见难以阻止秦军出征，只得哭着对其子西乞术、白乙丙说："你们会败在崤这个地方呀！"

蹇叔在失去进谏正常渠道的情况下，仍然不放弃努力，以"哭师"的形式进谏，直言不讳地指出此次袭郑的必然结果。在送别秦国出征之师的时候，痛哭流涕地警告官兵们说，恐怕"我只有到崤山去给士兵收尸了"。

在"哭师"导致的诅咒、辱骂情况下，蹇叔继续以"哭子"的形式进谏，准确地指出晋国"必御师于崤"，想以此将自己的意见传导给国君。

当初秦国曾与晋国一起企图消灭郑国，后来又与郑国订立盟约。此时置盟约不顾，从前的同伙也成为觊觎的对象。自食其言、为所欲为，将争权夺利发挥到极致。果然不出蹇叔所料，郑国得到秦国袭击的情报，逼走秦国安插的奸细，进行充分的迎敌准备。秦军见袭郑不成，但在长途跋涉回师而十分疲惫状态下，经过崤山又不做防备。以为秦国对刚死不久的晋文公有恩，晋国不会攻打秦军。然而，晋国的大将先轸认为这是打击秦国的好机会，劝说新即位的晋襄公在崤山进行拦击。晋襄公将大军亲自率领到达崤山，在十分险要的地方布下天罗地网。时值炎热的中午，秦军发现小股晋军部队，十分恼怒的孟明视下令追击到山隘险要处，晋军突然不见踪影。孟明视眼见此地山高路窄、草深林密，知情不妙。这时鼓声震天、杀声四起，晋军伏兵蜂拥而上。孟明视他们中了埋伏，被晋军团团围住、进退两难。秦国的士卒死的死，降的降。孟明视、西乞术、白乙丙三员大将全都被活捉，真是咎由自取。

崤山之战是春秋时期一次彻底的大歼灭战，也是中国历史上典型的伏击歼灭战。三十六计把这个故事列为第十三计"打草惊蛇"的典型范例。

哭师论战的故事充分证明，蹇叔睿智多谋、富有远见。他对秦穆公的东征条分缕析，指出伐郑劳师袭远、师劳力竭、师之所为、郑必知之、勤而无所、必有悖心，必定在崤山遭败。蹇叔以国家的利益为重直言劝谏，不随风倒、不迁就国君的错误意见，希望打消远征的意图，对秦国赤胆忠心。秦穆公不听劝谏惨遭大败后，蹇叔痛心疾首、泪流满面，伤心的是将士"一去不复还"和秦国遭遇一场浩大的灾难。兵未发他先哭之，实在是事前就为失败而哭。蹇叔的哭，哭的是对国家的忠心，而不是哭儿子。那是智者的耿介执着，可见其战略眼光、情深意笃和满腔忠愤。

由此可见，寄身秦国的士大夫蹇叔身份非常卑微，且命运完全掌握在公侯手中。悲伤的是："孟明骨化蹇叔死，三良殉穆秦民悲。西风一夜飘宫瓦，鸳鸯飞坠秦台下。"他反对偷袭郑国的意见没有得到采纳，导致春秋时期发生晋秦争霸中崤之战重大战役。回师秦全军覆没，主帅孟明视等三将被晋所俘。

《谷梁传》《吕氏春秋》《史记》《古文观止》等巨著都专门叙写"蹇叔哭师"这件事，后人还用"蹇叔哭师"作为谜面竞猜预知子、北当归两种中药名称。

秦穆公三十年（前624年），在一次群臣齐集的庭堂上，穆公作《秦誓》，自责不听蹇叔之谋而丧师辱国的过失，此事被后来记载于《尚书》中。

第二章 中 古

　　先秦之后，随着经济、政治、文化重心的东移，岐周在关中地区的地位有所下降，但在秦汉时期仍属京畿重地。周人在这块热土上洒下的文化基因世代相传，在周风岐韵的熏陶下，人才辈出。与此同时，一些历史名人与这块热土也产生了不解之缘。本章选编了自先秦至宋代这段历史时期的8位历史人物，他们或生长于岐山，或任职于岐山，或在岐山留下了轶事，都传承了周文化、弘扬了周人美德，传播了周礼之风。

蜀汉丞相诸葛亮

诸葛亮（181—234年），字孔明，号卧龙，琅琊阳都（今山东省临沂市沂南县）人。三国时期蜀汉丞相，杰出的政治家、军事家、发明家、文学家。诸葛亮的代表作有《出师表》《诫子书》等，他还发明了木牛流马、孔明灯、诸葛连弩等。

诸葛家族是琅琊的名门望族。先祖诸葛丰在西汉元帝时任司隶校尉。诸葛亮3岁丧母，8岁丧父。叔父诸葛玄被袁术任命为豫章（今江西省南昌市）太守，诸葛亮与弟弟诸葛均随叔父到豫章生活。后来朝廷派朱皓取代了诸葛玄职务，诸葛玄带侄子投奔荆州牧刘表。建安二年（197年），诸葛玄因病去世，诸葛亮便躬耕于南阳。

诸葛亮博闻强识、才华横溢，与徐庶、崔州平等名士为友。他平日喜欢诵读《梁父吟》，常以春秋时齐国名相管仲与战国时燕国名将乐毅自比。刘备依附荆州刘表时，听闻诸葛亮才华卓著，于是三顾茅庐请其出山相助。诸葛亮向刘备提出占据荆州、益州，东联孙权，共同抗曹，兴复汉室的方略，这就是著名的《隆中对》。刘备集团按照诸葛亮的方略，成功占领荆州、益州之地，与曹魏政权、孙吴政权形成三足鼎立之势。

章武元年（221年），刘备在成都称帝，建立蜀汉政权，任诸葛亮为丞相。章武二年（222年），刘备兵败夷陵（今湖北省宜昌市），退至永安。章武三年（223年），刘备病重，在永安托孤于诸葛亮。刘禅继位后，封诸葛亮为"武乡侯"，领益州牧。诸葛亮勤勉谨慎，大小政事必亲自处理，赏罚严明；与东吴联盟，改善和西南各族的关系；实行屯田政策，加强战备。在诸葛亮治理下，蜀国逐渐富强起来，诸葛亮认为北上伐魏、兴复汉室的时机已成熟，于是前后五次北伐，但未能实现兴复汉室的目标。

建兴十二年（234年）二月，诸葛亮率军进行第五次北伐。蜀军从汉中出发，经褒谷进入古栈道，由斜谷穿越秦岭北出，于四月进驻五丈原（今陕西省岐山县境内），与司马懿率领的魏军隔渭河、石头河对峙。五丈原与秦岭北麓的棋盘山相接，东、西两侧悬崖陡坡下分别是石头河与麦李河，北濒渭水，分为南部和北部两个阶梯式台原地貌，地形险要。当地有一条叫作"十三盘"的道路，是上原的必经之路，路旁有两眼清泉称为"诸葛泉"，相传是诸葛亮为屯兵取水开凿的。千百年来，这两眼清泉造福当地百姓，一直沿用到20世纪80年代自来水普遍开通之后。诸葛亮还下令让士兵在石头河两岸开垦良田，修建水渠，广种水稻等粮食作物，这些良田被称为"诸葛田"。不幸的是在这次北伐中，诸葛亮终因积劳成疾，在五丈原病逝，享年54岁。后主刘禅追谥为"忠武侯"，后世常以武侯、诸葛武侯等尊称诸葛亮，东晋权臣桓温追封其为"武兴王"。

诸葛亮一生鞠躬尽瘁、死而后已，为我国古代社会各个阶层广泛推崇，是中国传统文化中智慧的化身、忠臣的典范，是千秋贤相。纪念诸葛武侯的祠庙及衣冠冢遍布四川省成都市武侯区、河南省南阳市、湖北省襄阳市、陕西省汉中市和岐山县五丈原等多地。

陵州刺史李高迁

李高迁，唐朝初年名将，岐州岐山（今陕西省岐山县）人，唐朝开国元勋，官至山东陵州刺史。唐永徽五年（654年）去世，追赠梁州都督。

隋末，李高迁在太原寄居游历期间，时常被当地最高长官李渊招为幕僚。因反击隋末武牙郎将高君雅和太原郡丞王威等人对李渊的暗杀行动中有功，被授为右三统军官职。

隋大业十三年（617 年）八月，在太原留守李渊起兵反隋，在霍邑（今山西省霍州市）之战和围攻京城的战斗中，李高迁战功最大，被任命为左武卫大将军，封湖北武汉江夏郡公爵位，被委派审查核实（检校）西麟州（原麟游郡）刺史。

武德六年（623 年），唐朝和突厥围绕着马邑（在今山西省朔州市）归属激战，山西朔州总管高满政请求朝廷发兵救援。唐高祖李渊命令李高迁领兵增援。在突厥兵突然猛烈袭击的情势下，李高迁指挥军队势不可挡，勇敢地砍断门闩、攻破城门、夺取关隘，突厥将士乘夜逃跑。该战胜利后，李高迁竟然将自己从名册上除掉，取消自己原有资格，就地守卫边防。后来，李高迁官拜检核问事的监察之职陵州（今山东省陵县）刺史。

《旧唐书·卷五十七·列传第七》有关于李高迁的记载。

练姓始祖练何

练何，本姓东，字子俊，隋开皇十八年（598 年）出生于太行山南麓河北道怀州河内县赵寨里（今河南省沁阳市紫陵镇赵寨村），以河内为郡。

练何的祖先是伏羲氏后裔羲仲。尧帝时，羲仲易姓为东方氏。东方氏第三代是东不訾，为舜帝七个好友之一，舜帝称东不訾为东友，后代以东为姓，传 96 代为东何。东何祖父东可罗为北周府户、功夫世家，尚武，创立东家拳和枪法，在怀州声名远扬。其父东恒曷是文武全才的义士。东何文武俱修，6 岁习诗文，9 岁习弓马，弱冠娶赵氏生子。

隋朝末年，天下大乱，群雄逐鹿。东何应乡亲们的请求组建了乡勇队伍，维护地方治安。他带领乡勇农忙时种地，农闲时在太行山一带练习骑射，提高战斗力。东何家乡一度成为远近闻名的忠义村、安全村。当时，秦王李世民部被围困于怀州河内县太行山中，一筹莫展，东何献出退兵之策，以痹敌之计诈降，分三路进行突袭，率领500乡勇一战克敌制胜，义救秦王，立下了大功。东何从此追随秦王李世民，凭借过人的能力担任校卫，开启了军旅生涯。

唐武德三年（620年），在攻打洛阳的战斗中，东何率军布阵应敌，以舟师袭取洛城，在军中渐露锋芒。武德六年（623年），在平息辅公祏叛乱中，东何随军征战，奋勇杀敌，升任宣节副尉、丹水折冲府别将，因功被朝廷封为仁勇校尉。贞观九年（632年），升任并州总管府兵正七品下曹参军事、功曹参军事。贞观十年（636年），东何被提拔为并州总督府录事参军。贞观十八年（644年），东何奉命随军讨伐高句丽。贞观十九年（645年）五月，东何用火攻谋略，率领300士卒越过护城河，搭云梯翻上城墙，斩杀守兵、打开城门，唐军像潮水般涌入城内，全歼守城敌军，夺取高句丽盘踞的辽东城，斩敌数千、俘敌万余。同年十月，东征凯旋归途之中，唐太宗盛赞东何"精练军戎"为彰显其功，御赐姓为练，封为岐山县开国侯爵，食邑1000户，封三世恩荣世袭骑尉将军。这一年，东何48岁，成为皇帝亲封的练姓第一人。唐初名将李勣赞曰：

舜友贤裔，岐山侯第。

贞观恩及，赐姓启宇。

诗书冠冕，诒谋济美。

贞观二十年（646年）六月，薛延陀汗国叛乱，练何随同李勣出兵征讨。此时，多摩支刚刚做了薛延陀汗国可汗后，敕勒九姓不服，练何利用这个有利时机，率200骑兵，亲自说服敕勒九姓，招募九姓忠勇之士，组成军队，驻扎郁督军山。不久，多摩支率残部归顺大唐。薛延陀叛乱平息后，练何因功升任总管府长史。贞观二十二年（648年）夏，岐山县开国侯练何赴岐山巡察，在凤凰山南麓卷阿旧地拜谒周公庙时，召集地方官员，发布对周公圣水泉（后唐宣宗赐名润德泉）保护的指令。太史令李淳风回岐山省亲，练何热情招待，以师礼事之，学习《乙巳占》中天文占、气象占及侯风法等知识，感到受益匪浅。永徽元年（650年），唐高宗李治赐练何从三品云麾将军。永徽五年（654年）五月，唐高宗率文武大臣在麟游县万年宫避暑，一天夜间，山洪暴发，右领军郎将薛仁贵紧急登高呼救，高宗与群臣得以幸免，3000余人死于山洪。练何与夫人安置宫人，护驾有功，得赏百金，丝绸千匹。

显庆二年（657年），练何协理李勣撰修《唐本草》。麟德二年（665年）十月，唐高宗封禅泰山，御驾到达练何故乡，他接驾侍应并跟随前往泰山。

总章元年（668年），练何在故里去世，终年70岁。临终前，他告诫长子练舜麒、次子练舜麟说："我族之姓，乃唐太宗皇帝钦封，荣耀无比。我故之后，应选家乡至高之地，以彰皇恩浩荡。"于是，其子将父亲遗体安葬在怀州河内县赵寨里北之紫金山紫金坛高处，以彰显皇恩。

练何一生驰骋疆场、南征北战、东西拼杀，屡出奇计建功业，军纪严明、赏罚有度、裂土封侯、忠孝节义，功垂后世不可湮灭。其主要作品有《河内堂》，其言语行事散见于《旧唐书》《资治通鉴》等史志中，信而有证、彰于天下，在练氏家族和封地岐山广为流传。

天文学家李淳风

李淳风（602—670年），岐州雍地（今陕西省岐山县李家道）人，祖籍山西太原。我国唐代著名天文历算学家、易学家，精通阴阳、道家之说，世界上第一个给风定级者，在国际科技史上占有相当重要的地位。

李淳风的父亲李播曾任隋朝县衙小吏，权力大、官品低而不得志，弃官而为道士，颇有学问，自号黄冠子，注《老子》，撰方志图10卷、《天文大象赋》等。李淳风受其父熏陶，从小被誉为"神童"。隋大业七年（611年），9岁的李淳风远赴南坨山静云观拜至元道长为师。李淳风博览群书、兴趣广泛、苦钻不辍，渐趋精通天文、历法、数学等。

唐高祖武德二年（619年），17岁的李淳风经人鼎力推荐，成为李世民秦王府记室参军。唐太宗贞观元年（627年），25岁的李淳风上书，对《戊寅元历》提出18条意见，引起时人重视。唐太宗李世民将李淳风的奏议转给精通历法、算学的大理卿考核吸取7条意见，授给他将仕郎，进入掌管天文、地理、制历、修史之职的太史局，鞠躬尽瘁40多年。

李淳风在太史局学习和研究天文、历法、算学，知识更加系统，眼界更为开阔并有所得。其"推验七曜，并循赤道。今验冬至极南，夏至极北，而赤道当定于中，全无南北之异，以测七曜"，在总结历史经验和现实问题的基础上，向唐太宗上疏，建议改制观测天体位置和运动的重要仪器浑天仪，太宗欣然同意。经过6年摸索试验、辛勤劳作，贞观七年（633年）李淳风研制成新型赤道式装置铜铸"浑天黄道仪"，按黄道观测日月五星等天象运行，第一次把浑仪改制成为六合仪、三辰仪、四游仪三重，下据准基，状如十字，末树鳌足，以张四表。准基是校正仪器平准的装置，可以提高仪器的观测精度。浑仪三重中的外重叫六合仪，有天经双规、金浑纬规、金常规，即子午环、地平环、外赤道环，上列二十八宿、十日、十二辰、经纬365度；内重叫四游仪，玄枢为轴，以连结玉衡游筒而贯约规矩。玄极北树北辰，南矩地轴，傍转于内。玉衡在玄枢之间而南北游，仰以观天之辰宿，下以识器之晷度。即四游仪包括一个可绕赤极轴旋转的四游环和一个望筒（即玉衡年），望筒能随四游环东西旋转，又能南北旋转，可指向天空任一位置，测定星体的赤道坐标。其创新在于将原先的两重浑仪改为三重，即在最外的六合仪和最内的四游仪中间增加三辰仪（圆径8尺，有璿玑规、黄道规、月游规，天宿距度，七曜所行，并备于此，转于六合之内），由黄、白、赤3个道环相交构成，能够旋转，分别量度太阳、月亮和恒星的位置。此仪可测得去极度、入宿度（即赤经差年）、昏旦夜半中星、黄经差和月球的经度差等，时称极妙。太宗加授李淳风为承务郎，命令其将浑仪置于凝晖阁供观测之用。李淳风在研究制作浑仪的过程中，归纳总结前代浑仪特点和得失之差，写成具有较高学术价值的《法象志》7卷，在中国历史上其影响相当深远。

唐贞观十五年（641年），李淳风官至太常博士，三年后官至太史丞。他受诏预撰《晋书》及《五代史》（为梁、陈、周、齐、隋五代的历史），较为全面精微搜集整理总结魏晋至隋重要成就，写成《天文》《律历》《五行》3志，后来其志并入《隋书》，《五代史志》成为《隋书》中的"志"，得以流传至今。在《晋书·律历志》中，李淳风详细记述刘洪撰的《乾象历》法成就，与今天测值相近，这些都是中国古代天文学的重要成就。在《天文志》中，李淳风创立包罗古代天文学各个方面的记载格式，说明天文学的重要性和历代传统，介绍有关天地结构的理论研究、天文仪器、恒星及其测量、各种天象记事等；在介绍言天各家理论时，多引原话而不转述，写出作者简介及与其争论者的名字、观点，使后人对当时探讨天地结构的论争得到清晰的概念。记载北齐张子信发现的太阳与五星视运动不均匀性现象——中国天文学史上具有划时代意义的重大发现。记述从汉魏至隋朝的浑仪、浑象、刻漏的发展情况以及姜岌关于大气吸收和消光作用与何承天、张胄玄关于蒙气差的发现。在《隋书·律历志》中，他记载隋朝刘焯创立的二次函数的内插公式、"黄道岁差"概念及相当精确的数据和《皇极历》法（包含刘焯首创的定气法、定朔法和蹲衰即日行盈缩之差年法），还有以前历法所没有的推算日月食位置、食的始终、食分多少及应食不食、不应食而食等方法、流星、陨星、客星（新星年）、彗星及其他天象，推算五星也比以前的历法精密。李淳风"搜罗至富，记载甚详"，通过比较研究编撰成的志书被誉为"天文学知识的宝库"，对后世历法产生重大影响。

编定和注释《五曹》《孙子》等著名的十部算经，是李淳风在数学方面的主要贡献。他首次将"率"载入官修正史而赋予其显赫地位，最早用现代数学语言记载祖冲之圆周率，并使之得以流传后世。刘徽《海岛算经》这部数学研究的独创成果，经李淳风等人详细列出演算步骤的注释，给初学者打开了方便之门。指出《周髀算经》脱离实际的算法根据、推算二十四节气的表影尺寸、"勾股圆方图说"、日高公式与"盖天说"等重要错误，重新依斜面大胆地假设修正，从而成功地将不同高度上的重差测望问题转化为平面上一般的日高公式进行处理，并且首次使中算典籍中出现一般相似形问题，发展重差理论，使得"盖天说"数学模型在当时的认识条件下接近"完善"；并在《麟德历》中首次引入二次内插算法，以此计算每日影长。从而使十部算经被用作唐代国子监算学馆的数学教材，并成为唐以后各朝代的数学教科书，对数学的发展给予启迪（如《韩延算术》《黄帝九章算法细草》《九章算术纂类》《数书九章》等，都引用十部算经中的问题，并在此基础上发展新的数学理论和方法）。

李淳风为唐朝廷明算科提供教科书注释《九章算术》，解说题意与算法以初学者为对象，开立圆术，引用祖暅提出的球体积的正确计算公式，即"幂势既同，则积不容异"这个著名的"祖暅原理"——祖冲之父子的这一出色研究成果。唐高宗显庆元年（656年），李淳风获封昌乐县男，又与国子算学博士梁述、太学助教王真儒等受诏审定并注释《十部算经》，颁行于国子监。这部算经是世界上最早的算学教材，在中国、日本和新罗（今朝鲜）的学校中沿用多年，且是考核技术官吏的一部重要书籍。闻名中外的计算球体体积的"祖暅定律"就是李淳风注释《九章算术》时，介绍传播开的。宰相房玄龄称赞说："唯李淳风深明星历，善于著述，所修天文、律历、五行三志最可观采。"英国学者李约瑟在《中国科学技术史》一书中，称李淳风是整个中国历史上最伟大的数学著作注释家。

唐高宗麟德二年（665年），李淳风根据长期观测、推算，指出傅仁均的《戊寅元历》漏洞百出，要求废除另造新历，得到唐高宗的支持。他根据隋代天文学家刘焯的《皇极历》，并有所损益，借鉴其先进的计算方法完成新历，并很快应用，称作《麟德历》，并传入日本、新罗。

李淳风探索星占方法及其应验情况、浑仪的部件与结构、岁差的计算值，保留天象及其时间记录与描述等许多科学史料，编撰成星占学文化史典籍《乙巳占》10卷。该书"采摭英华"，全面总结唐贞观以前各派星占学说；经过综合之后，保留各派较一致的天文与气象占术、候风法和重要的历法数据，摒弃相互矛盾部分，很有特色地描述奇异天象，清楚地说明流星"有尾迹光"、飞星"无尾迹……至地者为坠星""长星状如帚，孛星圆如粉絮，孛，孛然"；飞流与彗孛各是流星与彗星，对于了解流、彗星运动方向和物理状态很有参考价值；比较详细地介绍两种风向器，通过对风的观测，使风的研究由4个方位发展到8个方位，创立八风之名，进一步把风向明确定为24个，根据树木受风影响而带来的变化和损坏程度，创制"动叶，鸣条，摇枝，堕叶，折小枝，折大枝，折木飞砂石，拔大树和根"8级风力标准。从而建立起非常系统的星占体系，对唐代及其以后的星占学产生很大影响。其卷一以《天象》为第一，列举8家言天体象者而独取浑天。在《天数第二》一节中给出天球度数、黄道、赤道位置、地理纬度（北极出地年）及其相应的计算公式等。

李淳风一生刻苦勤奋、多才多艺，在天文、数学、气象、历法、史学、医药等方面取得举世瞩目的卓越成就，为我国以至世界科学事业作出巨大贡献。其著作除前述外，还有《悬镜》《典章文物志》《秘阁录》

《文史博要》等，并对《神农本草经》等几十部书籍进行了校注。他和袁天罡还被传说为《推背图》的作者。明代杨维桢在其所作的《说郛序》一书中指出："古今知天文历数者，应首推李淳风和僧一行。"

唐咸亨元年（670年），李淳风无疾而终。唐代档案《甲库甲历》记载，李淳风为"溘逝"。唐贞观二十二年（648年），李淳风被任命为太史令的基础上，唐高宗李治颁"追复昭"，追复李淳风为"太史令"。

李淳风子李谚、孙李仙宗，均任过唐太史令。连同其父四世长于天文历算，三代官拜太史令，闻达于世。

唐时，在其出生地岐山县天柱山东南侧约3公里处的李家道为之所修墓和祠（1972年被确定为县级重点文物保护单位），至今犹存。坟头高4米、周长68米。其东侧与大路相隔便是他三间大瓦房的李淳风祠堂——坐北向南，建筑古色古香、幽雅古朴，颇有特色。祠堂门前左右两边各立李淳风纪念碑和李淳风祠堂重修纪念碑。李氏家族每月逢初一、十五都在此集会，举行祭祀礼仪。每年清明节张灯结彩、敲锣打鼓、唱大戏，举办盛大的庙会，四面八方香客前往祭拜这位先祖。2007年至2014年的电视剧《贞观之治》《卜案》《梦回唐朝》《隋唐英雄》《武媚娘传奇》中，均有李淳风艺术形象。

大理寺卿张知謇

张知謇（634—713年），字匪躬，汉族，祖籍幽州固安（今河北省北部和辽宁省南部一带）方城（一作蒲州河东）。他和知玄、知晦、知泰、知默5兄弟励志读书，皆以明经擢第（五子登科），并迁居岐地。张知謇通晓史治，清高捐介有操守，颇具高风，朝廷高级官员争相延纳。

唐高宗调露年间（679—680年），任监察御史里行。后历房、和、舒、延、德、定、稷、晋、洛、宣、贝等11州刺史，为政威严，人不敢犯，所到之处治理有方，武则天降玺书慰问。

唐嗣圣元年（684年），中宗被废为庐陵王，安置房州，严密防范。此时，张知謇与董玄质、崔敬嗣相继任房州刺史，待显甚厚，时时尊奉保证衣食供应，毫无懈怠。

张知謇自德州刺史入京听候考核，武后惊奇他的相貌，下诏画工画下他的像，称赞他们兄弟既有容貌又有才华，称为两绝。家门皆列戟，白鹤筑巢于庭院，武后多有宠赐。

武则天万岁通天元年（696年），张知謇自德州刺史入朝廷任事。

唐神龙元年（705年），中宗李显复位重新做皇帝，即将张知謇由贝州刺史提升为左卫将军，加云麾将军，封范阳郡公。此后其历任东都副留守、左右羽林大将军，同州、华州刺史，在大理寺卿任上退出官场。唐开元元年（713年）去世，享年80岁。

张知謇聪敏正直、廉洁奉公、喜用贤才、不畏权贵、不受馈赠和请托，厌恶以请求谒告的方式求取官位之人。对于士人中无才能而居禄位者，视之如同仇敌。他常常教诲子孙说："不精通经书不得参加科举，无学问不要为官求仕，以免害人害己。"家法值得称道。

《新唐书》《凤翔府志》和固安地名网等均有关于张知謇的记载。

外交家和逢尧

和逢尧，唐代岐州（今陕西省岐山县）人，著名的外交家。

出身寒微，生性诙谐，长于辞令。少年时胸怀报国之志，但又不愿走科举当官之路。武则天垂拱元年（685年），"诏内外文武九品以上及百姓，咸令自荐"，不拘一格选拔人才。和逢尧满怀信心，身背一口青铜鼎奔赴长安，上书说："愿辅佐君王，治理国家。"他负鼎自荐，本为表明报效国家之志，但古时候，宰相治理国家如同用鼎调和五味。于是，武则天朝廷有司便将和逢尧指责为狂妄犯上，因而被流放到黔州的庄州（今重庆市彭水县）。和逢尧被流放后，不坠青云之志，潜心钻研经史，十多年流放生涯结束后，他二赴京师应试，一举高中进士第，被任命为监察御史。

唐景云二年（711年），突厥默啜派人到唐朝求亲。睿宗皇帝准许以宋王李宪的女儿金山公主下嫁默啜可汗的报请，并赠送金缕鞍具，加封和逢尧为御史中丞摄鸿胪卿身份出使突厥完成和亲大事。和逢尧率使臣翻山越岭、风餐露宿到达突厥国都之地，正要去面见可汗时，只见默啜近臣颉利飞马奔来不问青红皂白只管传达可汗口谕："唐天子下诏赐送金缕鞍具，送来的都是银胎涂金之物，如此作假，公主想必是假冒的，你这使臣不可信，请退还我邦信物，停止和亲之事"（"诏送金镂具鞍，乃涂金，非天子意。使者不可信，虽得公主，犹非实，请罢和亲"）。说罢掉头就走。唐使一行均被惊呆。和逢尧虽然早有思想准备，却没想到这突如其来的变化，便愤然作色，大声喝道："我乃大唐使臣，尔等竟不听一言而走，岂能如此无理"（"我大国使，不受我辞，可辄去"）！即令左右策马追回颉利，义正词严地告之："默啜可汗再三求亲，唐皇才允许公主下嫁，并派本官特来报命。汉人习俗，因重爱女婿才赠以鞍具，这是取平安长久之意，哪有以金银论贵贱真假之说。可汗既然贪金轻银，想来不是重人贵信，请问你们求亲的诚意何在"（"汉法重女婿而送鞍具，欲安且久，不以金为贵。可汗乃贪金而不贵信邪"）？

默啜可汗闻报，惊讶和逢尧的胆略，感到唐使来邦甚多，从未见像他这样有胆识的人（"汉使至吾国众矣，斯食铁石人，不可易"）。急令左右设宴以礼相迎。酒席中间，和逢尧又以天下大势晓以利害，说："唐天子曾为单于都护，今愿与突厥重通旧好。可汗虽复一统，但诸部并未心服，处密坚昆等部落都听说可汗你与大唐联婚，才愿意归附于你。可汗你应当依顺大唐，向风慕义、受封晋爵、着以冠冕，以取得诸藩敬服。如若妄动干戈，招致大兵压境，势必重蹈你祖父颉利可汗覆国旧辙，请三思而为之"（"天子昔为单于都护，思与可汗通旧好，可汗当向风慕义，袭冠冕，取重诸蕃"）！一向骄横的默啜可汗，在和逢尧面前心服口服。第二天，他依照和逢尧的指教，挽发裹头，身穿紫袍礼服恭恭敬敬地南拜再拜称臣，并派儿子跟随前往唐都长安，朝拜大唐皇上。当年十一月，和逢尧胜利完成出使任务，回至京都，满朝称贺，睿宗重加赏赐，升迁他为户部侍郎。

和逢尧不辱使命，在唐外交史上写下了重要的一页。他那非凡的胆识和卓越的外交才干，一直为后世奉命出使者所称颂。他青年时勇于自荐报国和不甘沉沦的进取精神，给后人留下无尽启示。

礼部侍郎刘单

刘单，约公元710年前后出生于陕西岐山，汉族，天宝二年（743年）状元夺魁。出仕已过30岁，初期当过近30年安西节度使判官。与岑参交好，岑参曾为其作《武威送刘单判官赴安西行营便呈高开府》《武威送刘判官赴碛西行军》等送别诗。天宝十三年（754年）前后当过一任奉先县尉，少府是唐时对县尉的尊称。擅长绘画，山水障即画着山水的屏障。唐代大诗人杜甫为刘单创作的山水屏障画题画诗《奉先对少府新画山水障歌》云："岂但祁岳与郑虔，笔迹远过杨契丹"，这首诗语言传神，诗中有画，对题画诗体形成有开创之功，对后世影响很大。此后曾任司勋郎中。与宰相元载同乡并有交往。元载曾厚遇刘单，欲引为知己，以便日后继其位，不料刘单不久即病故（完成大历六年的试事之后去世），曾任主持进士考试的主试者知贡举，礼部侍郎为其所任之最后职务。

凤翔知府蔡钦

北宋末年，河南籍进士蔡钰、蔡钦兄弟俩奉命赴陕西任职，哥哥蔡钰任扶风知县，弟弟蔡钦任凤翔知府。

蔡钦上任后，治下发生了这样一件事情。岐山县田家坡（今蔡家坡）西家村一带住着一户流放在此地的官宦人家，家中两位太太的娘家人也迁到这里居住。几年后，这两家族人选坟地，都相中了北边的荒坡，相持不下，斗气告到衙门。双方互不相让，岐山知县难以决断。

有一天，两家族长前往岐山县衙催案，恰逢知府蔡钦巡视到此。了解案情后，蔡钦亲自实地前往察看。当看到两家族人为之争讼的竟是长满野草的荒坡时，蔡钦急中生智，为了化解矛盾，使他们和睦相处，就郑重告知双方说："你们两家都不要争了，把这片荒地让给本官吧！"两家族长听罢，齐声说："听凭大人吩咐！"一场争论不休的官司迎刃而解。两家族和解后，其中一族定居东边杨家台（崖），另一族定居于西边高家台（崖）。

蔡钦兄弟去世后，被家人安葬在这面坡上，他们的家族也迁到这里定居。从此，这面坡就逐渐由田家坡改叫蔡家坡，当地人也叫蔡家崛。在这面坡下，从宋代开始逐步形成集镇，明代建成周长三里许、高二丈的土城。

1937年3月，陇海铁路修建途经蔡家坡，工队在令狐村修建了蔡家坡火车站；1940年，中国银行控股的雍兴实业股份有限公司在蔡家坡火车站北边购买大片土地，修建纺纱厂、西北机器厂、酒精厂等现代工业。火车站和工厂的修建，使集镇向西南扩展。

1949年7月，蔡家坡解放不久，设立宝鸡市蔡家坡区，由于距离市区较远，不便管理，于当年11月15日将蔡家坡区划归岐山县管辖。直至20世纪五六十年代，当地还流传着"蔡家坡先人一摆摆"的歇后语，说的就是蔡家坡柏树林中一排密密麻麻的墓冢。

蔡氏乃黄帝之后，以国为姓，源于姬姓，得姓始祖蔡仲，姓姬，名胡，又称蔡仲胡，为周文王之孙，蔡叔度之子，西周时蔡国第二任国君。周武王灭商后，将蔡叔度封于蔡，建立蔡国。周成王继位后，管叔联合蔡叔、霍叔与商纣王的儿子武庚等发动叛乱，史称"三监之乱"。周公东征平叛后，放逐蔡叔度，不久蔡叔度死于流放地。蔡叔之子胡，反省改过，崇德向善。周公听说后，举荐他做鲁国的卿士，鲁国大治。周公向成王建议，又把胡封在蔡地，作为第二任国君，他的子孙就以国为姓。

蔡氏得姓之初，主要繁衍于现在的河南省境内。历经春秋战国、秦汉、魏晋南北朝、隋唐、宋元、明清等不同历史时期的迁徙，蔡氏足迹遍布于河南、河北、陕西、山西、湖北、安徽、山东、湖南、贵州、江浙、福建、台湾等省。知府蔡钦后裔的居住范围现已遍及岐山县蔡家坡、雍川独殿头及高店等地。

第三章 近古

南宋时期，经济重心南移完成，我国北方地区经济、政治、文化地位下降，但岐周凭借深厚的历史文化底蕴，依然占有一定的地位，周风岐韵仍在。自元代以来，在周文化的熏陶下，岐周大地孕育出诸多才俊之士，或因史料遗失，或失于记载，大多语焉不详。本章选编了自元代至鸦片战争这段历史时期的12位才俊之士，他们或出生于岐周，在外地任职，传播了周风岐韵；或外地来岐任职，受周礼之风熏陶，为岐地经济、社会、文化的发展做出了重要贡献。

都督佥事郭宗舜

郭宗舜，明代岐山人，刚直有胆略。涉猎史书，关心民众疾苦。曾用诗劝谏岐山县令。

明英宗下令举国求策。郭宗舜直接向皇帝连续上书10件事。在未见回复的情况下，他又将所述之事改编成诗，终于被明英宗采纳推行。

郭宗舜在担任郭县巡检使时，依法盘查从此夜行的朝廷执掌监察的御史杨纲。大怒的杨纲，弹劾宗舜轻视侮辱大臣。郭宗舜向皇帝上书申辩解释，得到英宗赞赏。明正统十四年（1449年），郭宗舜升职为从三品的大都督府都督佥事。

右通政杨恭

杨恭，字克敬，明代陕西岐山润德里（今凤鸣镇北郭村一带）余家庄人。小时父母双亡，由舅母抚养成人。性颖异，读书日记数千言。

明天顺八年（1464年）中进士，历任掌管内外章奏和臣民密封申诉事件之通政（使）司（俗称"银台"）右通政等。曾奉旨监督治理运河河道。当时运河决堤，工程浩大，他同平江伯陈瑄划段分治，次年底即完工。

明成化末，关中岁凶民饥，亲戚乡邻多人逃往杨恭任职之地谋求生路。他拿出自己的俸禄买粮供养。又派人赴岐山，用自己的俸金扶危救饥，拯救数百人的性命。后去官归乡，每年种植西瓜让行人采吃，分文不取，受到乡人感戴，被誉为乡贤。

山西参政李俊

李俊，字子英，岐山人，独子，早年丧父。从幼小开始便与孀母一起以采拾、打柴等劳作为生，抽空苦学。明宪宗成化五年（1469年）考中进士。担任吏科谏官给事中期间，掌管侍从规谏、稽查吏科弊误和对制敕违失的驳正，及时斥责、捉拿有问题者，刚直敢言，经常弹劾贪官污吏，负责稽查吏部政务，上到内阁首辅，下到百官。

皇帝宪宗朱见深沉溺于声色歌舞，受奸佞包围，听不进忠臣的逆耳之言，政治腐败，导致宦官汪直擅权并主管特务机关西厂，气焰嚣张，多次制造冤狱，陷害吏部尚书马文升等人，将他们发配戍边。宪宗为推卸责任，责怪言官没有负起纠察职责，将李俊等27名言官用刑杖痛打，引起朝野上下不满。

成化十五年（1479年），宪宗委任李孜省为太常寺丞。李俊和他的同事们对此竭力反对，说："孜省原是一名赃吏，不宜玷污清贵的官班去参与郊庙百神的祭祀。"那时，御史也对李孜省有意见，经建议后将之改派为上林监副。

明成化二十一年（1485年）正月初一，流星从天空向西疾速飞去，化为一道白光，其声如雷鸣。宪宗十分恐惧，认为是上天对他的警告，于是下诏征求朝臣意见。不少大臣都清楚当时政局症结所在，但多有避忌，不敢表达自己的真实意图。唯独李俊率六科众臣上疏直言讲道："目前政治上最大弊端和急需解决的问题是帝王宠爱的近幸太监干预朝政，致使大臣有职无权。其次是赏赐太滥，徭役繁重，进献毫无限度，以致在外的百姓有家不敢回。这次天变的原因，都由此而产生。"

他们在奏章中还阐述说，开国设立内侍时具有定制。可如今这些人数量太多，而且还为非作歹，有的分置藩郡，享受王室待遇；有的总领边疆，有大将的权力。朝中和地方上都有他们的势力，使得一些人只能通过贿赂内侍来升官发财，要是不依靠内侍，则官位不稳。这些内侍以官得财，中饱私囊。赏功赐爵方面亦太滥。很多庸人无功授爵，贵幸无功受赏现象严重。祈求雨雪者都可身居高官，像方士李孜省这些依靠献送炼丹书籍者也能得到丰厚的赏赐。这些钱财都是民脂民膏，可以奉养贤士，亦可以救济灾民。都城内佛刹的修建工程没完没了。国师继晓等人巧立名目，假术济私、靡费甚多。希望陛下内惜资财、外惜人力，不是急需的工程即速停止，减少国库支出。况且陕西、河南、山西正遭受旱灾，赤地千里、尸骸枕藉。希望朝廷怜悯穷困百姓，追回巧言谄媚的佞人从盐税中贪污的款项以及修造寺庙的经费，移作赈济之用，使灾民可以回到乡村生产、生活。只有这样，天意才可回转。最后他诚恳地劝谏宪宗皇帝"听言以行，事天以实。疏斥群小，亲近贤臣……"如此才会成为一代明君。

宪宗阅过李俊的奏章，不断称赞，并按照其意，将李孜省降职，国师继晓革职为民，在其他方面也有所革新，满朝文武官员都为之欣喜称快。

李俊因恪尽职守、治理有方、廉洁无求、考察有功，忠心匡弼时政，其备棺冒死直谏的胆识为人赞颂、民众拥戴，先后出任正六品之太常寺丞、从二品的湖广布政使参议、山西参政等。1505年在任所去世，归乡之时，箱无分文。

左佥都御史杨武

杨武（1464—1532年），字宗文，号北山，人称"杨公"，明代岐山向阳村（今岐山县故郡镇桥山村）人，东汉名臣杨震后裔。他经过刻苦努力，于明弘治九年（1496年）考中进士。

杨武从小受"周礼"和祖训的熏陶与影响，夙兴夜寐、敏而好学、精通诗文。进士及第出任山东淄川（今属山东省淄博市）正七品知县，成为该县最高行政长官。到任后，杨武用周礼文化典故重塑淄博，坚固城防；屡破悬案，惩恶扬善、扶弱济贫，很快得到当地老百姓拥护；继而，他兴办学校，利用淄河修渠灌田，发展经济，推进耕读传家。

升迁为品级低、权限广的监察御史后，杨武廉洁自律、正直无私、监督百官、维护皇权、疾恶如仇。明正德初年（1506年），巡查顺天（今北京地区）诸郡县时，专擅朝政的大宦官刘瑾为提拔顺天境内一名知己，让杨武向皇帝推荐此人。杨武果断拒绝，反而推荐有德有才的功臣大将，因此威名远播，皇帝大加赞美，提升杨武为掌管刑狱案件审理的大理寺僚属左寺丞。勘视发现山西大同边防屯田不均、军役耗损过大的实情后，杨武抽丝剥茧、查清事实，弹劾相关官员。

杨武在勘视大同边务时，不宽免、不留情地弹劾屯田不均、军役耗损诸多弊政，因功被越级擢拔为都察院河南道二品左金都御史，被派巡抚今河北、山西的宣府一带，事毕乞归居家。

杨武在"监察官"任上，为人刚正不阿、铁面无私、功绩卓著，深受朝廷赏识，备受百姓称赞。有诗赞曰：

黎民疾苦挂心间，励学兴商非等闲。

植树修城扩街巷，便教古邑换新颜。

杨武天生聪慧、见多识广、好学修为，爱好且擅长晋代书法，工诗文，藏存许多文集、书法字帖，曾为明正德年间《凤翔府志》作序。1532年去世后安葬于帖家河东南。

清嘉庆十八年（1813年）《重建都堂杨公祠堂碑》记载："都堂杨公讳武，号北山，有明正德时人也，官都御史，为一代望族。其人行实载以另碑，无庸复志。后子孙繁衍三百余口焉。"其先祖东汉太尉杨震（字伯起）是公正清廉的最高军事长，通晓经籍、博览群书，有"关西孔子杨伯起"美誉，"四知拒金"的故事千古流传。受先祖美德的影响，杨氏后人十分注重传承祖先的礼仪与修养。《杨礼暨继室羽氏合葬墓志》记载，杨武的父亲杨礼为人慎言笃行、宽厚和蔼、恭谨温顺，母亲羽氏端庄慈祥、乐善好施，以勤俭的作风将家事操持得十分得当。

明代，岐山县郑家桥村建起"杨公祠"。祠堂内的对联非常醒目："忍人、让人，莫去害人，行一片公道增福增寿；修己、克己，安分守己，存半点天理积子积孙。"横批为："祖德流芳。"这是名震四方的杨氏家族老先人杨武留给后人的家规家训。一副对联、一个家训、一门家风、世代相传，促进着人们和睦相处、村民和衷共济、村庄和谐发展。

现如今的岐山县故郡镇郑家桥村、谢家窑本，凤鸣镇沙庄村、南郭村等地杨姓族人多为杨武后人。他们在杨武等杨氏家族家风家规的影响下，村风淳朴、民风善良，人们敬老爱幼、和睦相处、待人如宾，涌现出抗战老兵杨凤岐、游击大队副大队长张锦堂、解放战争烈士张银海等英雄人物。

为传承杨氏家规，弘扬杨武精神，郑家桥村在向阳广场举行杨武塑像落成仪式。以此作为周礼文化的宣传载体，营造讲礼仪、懂规矩、守纪律的社会氛围。当地涌现出一大批新时代道德模范和全国"孝亲敬老之星"等先进典型与标杆，正如谚语所说"文明之花向阳开"！

应州知州徐衡

徐衡，字大经，明代岐山仓颉庙人。族兄病危之际，交给百金让他抚养遗孤。其历尽艰辛，在供养侄子长大成人之后，如数将原金交还侄儿。

明嘉靖十九年（1540年），徐衡应试中举，出任高唐州（今山东省高唐县一带）知州，清廉正直。境内发生灾荒，他拿出自己的俸金赈济饥民。漕河汛期水量激增，航运被迫停顿。徐衡率众挖渠分洪，夜睡河边3个多月直至航运恢复。

接任山西应州（今山西省应县一带）知州时，蒙古俺答汗部围攻应州。徐衡守御有方，击退围攻者，保全城池，并勤谨处理民事政务，因劳致疾，辞职归家，更为因丧事、患病等困难告贷无门的乡人赠送银钱救急。著作有《奥山诗意》，参与编修嘉靖《岐山县志》。

岐山知县韩廷芳

韩廷芳，山西洪洞人，明成化、正德年间户部尚书韩文之从孙。嘉靖三十八年（1559年）任岐山知县，勤政爱民、政绩斐然。其认为县志可以瘅（dàn）恶彰善、资治存史，遂延揽人才，亲自统领精心编修出明嘉靖版《岐山县志》。翌年，经他上书申准，每年春秋两季在五丈原诸葛祠致祭忠武侯诸葛亮，以其功绩昭彰后人。此举在流传的过程中逐渐演变为五丈原庙会。同时，他安排丈量全县土地，斟酌耕地之高下分为五等，以此征粮。被民众赞誉为公平粮赋。接着，他组织加固县城城墙，增筑敌台24座，并在周公庙创建"三公书院"。嘉靖四十年（1561年），卸职离岐。

河南道监察御史杨绍程

杨绍程（1549—1617年），字儒系，号洛源，岐山县润德里余家庄人，工于诗文，崇尚气节。

明万历四年（1576年），乡试夺魁。万历十一年（1583年），中进士，授翰林院短期职位庶吉士，后转任河南道监察御史。忠直不阿，言人所不敢言。巡按云南一带时，对地方官奢侈、挥霍，上书弹劾。后任山西参政，笞逐权要，弹劾贪官。

致仕后，修乡中太伯庙和仲雍祠。著作有《馆课宏词诗文集》《济险桥》等。1617年去世。

岐山知县于邦栋

于邦栋，山西临汾举人，明万历十七年（1589年）任岐山知县。到任后，见嘉靖《岐山县志》"缺陋芜秽"，欲重修，因"邑当冲疲，百务丛委，牒讼征科，日复扰扰"，无暇顾及。翌年三月，指定由儒学教谕南宫（陕西省山阳县人，后升为阶州学正）、训导郑光祖等开始编纂。明万历十九年（1591年）五月草成重修的明万历版《岐山县志》，其分为2册共6卷，设舆地、风土、建置、赋役、祠祀、职官、人物、艺文8志。附岐山全县、县城、县治及儒学、文庙、周三王庙、岐山八景等图17幅。

湖广布政使梁建廷

梁建廷，岐山县谢家河人。明万历四十三年（1615年）为第三乡魁，次年丙辰科殿试金榜第三甲第83名同进士出身。历任掌管刑狱案件审理的正六品大理寺寺正、四川主考官、河南怀庆知府、山东兖东节度使副手的副使、川南参议、湖广布政使（俗称"藩台"）等。任大理寺寺正时，平断冤狱、廉明仁恕。后出守河南，为官廉明，曾请旨赐程、邵二贤的后裔为博士。致仕归里后，作《重修周公庙记》，事迹载于《岐山县志》。

川东道台李居一

李居一，字不二、数奇，清代岐山高店里人。科举制度增加的学生出身。因随清兵一部入蜀作战被授为四川巴县知县。他招集逃散、抚恤残疾和亡故人员家属，巴人感激。后转任福建邵武、江南霍山、山东庆云等县知县。

他主政邵武时，减徭役、薄赋税；主宰霍山，整饬士风、民风，续成前任县志，其在世时百姓便为之建祠。

康熙八年（1669年），任职庆云，续修邑志，修建城池。

随之，先后迁任六安州（今安徽省）知州、临江府（今吉林省）从六品同知、杭州（今浙江省）知府、东川（今云南省）知府等。为东川知府时，尚未平息的吴三桂之乱，祸及于此，城邑空虚、黎民流离。居一苦心安抚，勤谨处理政务，以政绩擢任四川川东道台，未抵任而卒。

著作有《蜀游草》《十秋吟》《青门草》《池阳集》《奈园说》等文集。部分作品被收入民国《岐山县志·艺文》。

岐山知县茹仪凤

茹仪凤，字紫庭，清代宛平（今北京市西南）河内县人，监生出身，工诗文，有胆识。

康熙十八年（1679年），任岐山知县。当时岐山县经兵燹之后，民多流离，田地荒芜过半，一片凋敝，但田赋追收不辍，导致县域财竭民饥。几任知县认为此地不可为，因此离去。

茹仪凤不顾同僚劝告，毅然到任，以拯救民困为急，连连上书，奏报岐地苦状，力请蠲免荒田之赋。朝廷终为所动，派遣使者赴岐视察后，免去1000余顷荒田田赋。岐地士民深为感激，为茹知县立生祠。茹仪凤又在石头河斜峪关口修建20里长的引水渠道，人称"茹公渠"，灌田3500余亩，并在周公庙创立朝阳书院。

康熙二十二年（1683年），重修县城儒学署和周、召二公庙及其他倾圮庙宇。

康熙二十五年（1686年）离岐，迁任甘肃按察使副使等。

湖北布政使梁星源

梁星源（1789—1853年），字石泉，岐山县仁岐里范家营村（今属京当镇）人。他追随林则徐查禁鸦片，抗击英国侵略，后来在湖北布政使任上去世。

父早逝，母寡居，依靠胞兄打柴卖草、躬身负米供养。幼时聪明好学，在家庙私学上蒙课3年。时有乡人前往私塾求先生代书契约不遇，他即自荐代书，并将事理交代得通俗明白。

在穷困家况的鞭策砥砺下，他刻苦攻读，毫无旷误。初应小考，即成童生。次后依次平进，经县府院试科考，遂取得邑庠生籍（即秀才，亦称生邑）。受聘在箭括岭后许家山设馆教书，"边靠泉石边靠山，半饥半饱度生涯"。他谦恭好学、循循善诱，深受学东敬重厚爱。

清嘉庆二十一年（1816年）八月，在学东的资助下，进省城参加乡试，考中举人。

中举的次年开科会试。由于他靠的是自修苦学，没有接受过官学的正规教育，加之出身低下，一连三次进京会试，都未及第。1826年，在亲友周济下参加道光六年（1826年）会试，在京因无钱住店，就栖身于城郊的一座古庙内，与住在那里的一穷光棍汉共炊共饮。偶遇打猎在此避雨的皇帝率文华殿大学士、清廷首席军机大臣穆彰阿等人，他便拜求东阁大学士王鼎，被大挑（三科以上会试不中举被照顾）取为一等，很快分配广东任知县。从此步入仕途，开始离岐做官宦游。

道光八年（1828年）起，他历任广东海防前线鹤山、高明、新安（今深圳市宝安区）三县知县。当时以英国为首的西方列强对我国图谋进犯，海疆安全形势紧张。朝廷派遣重兵防守。诸多驻军的兵差粮赋络绎派民。梁星源视民力、物力勤谨办理，供应支实没有贻误，但还不能满足诸军的勒索苛求，反受抗差诬告。

适值母亡遂去职回到岐山老家守丧3年（时称丁艰或丁忧，不做官、不婚娶、不赴宴、不应考，离职期间的空缺由佐官即县丞署理）。在此期间，对他的诬告，经湖广总督林则徐查实，得知他与民共甘苦、日夜巡防，极为赞赏，并严厉斥责苛求、诬告者。

星源守丧期满除服后，恢复新安知县职务，竭力追随林则徐禁烟。虎门海滩销毁外国鸦片后，英国兵舰先后在九龙和穿鼻洋海面悍然发动武装挑衅，多次袭击中国水师。梁星源亲赴前沿阵地，支援抗英将士，身经"弹丸落碗"之险。

道光十九年腊月（1839年1月），他按照两广总督林则徐安排，尽职尽心督办戒备事宜，加固虎门一带海面安设的木排铁链，添置炮台炮位，招募渔民、水上居民（旧时称之为疍户或疍民）作水勇，加紧进行训练，誓与城池共俱全。深得林则徐器重，遂于当年六月保调为广州城郊南海知县（县署在今广州市北京路以西），前往时新安士民聚道跪留，为其赋诗成帙，名曰《莲城舆诵集》。

梁星源莅临南海时，正值第一次鸦片战争爆发之际，他身经朝廷"战"与"抚"的全过程。作为县令的他，在风雨变换的局势面前随波逐流，"克勤受主知"。该县三元里等103个乡群众冒雨将英军包围于城郊的四方炮台时，他受派随同广州知府等人前往劝说群众散开；下令缉捕趁火打劫的海盗，设计捕获大盗，陈说利害、晓以大义、慰以婉言，予以宽容优赏。盗贼首领立功赎罪，协同官府奋力捕盗，海道遂清。在南海县，他治理海防得法，备受朝廷赏识和恩宠，在奖赏他的同时，正如其《墓志》所记"一岁三迁，数年间位至方伯"。

道光二十四年（1844年），清廷赏赐其顶戴蓝翎（对五品以下有功官吏的赏赐）。不久，又蒙特恩赏戴花翎（对五品以上有功官吏的赏赐），先擢升为嘉应州（今广东省梅县）知州，到任未几，又改迁为顺庆府（今四川省南充市）知府。不久，又复调广东，升迁为南韶道（今韶关市）道台。道光二十六年（1846年），一度充任广东乡试同考官，陪同安南（今越南）贡使进京陛见道光皇帝。回任后，南韶道遇水灾，他捐廉筹赈、督饬救灾，使民无失所。遂又署理广东按察使。这时当朝十多年、独霸朝纲的首席军机大臣穆彰阿，派人送给梁星源名刺（即名帖或名片）。梁星源即差人回岐监制"金筒轿车"（在车棚周围绕以铜丝，装饰华丽），配备上等甘肃锦带，进献穆彰阿。

梁星源处政老成练达，详察实情、遇事有为，经常彻夜不寐，唯恐失误。莅任新安知县前，该县曾有"茶花女失踪"一案，日久未明。他接任后继之查访，常微服出访侦探发案地，见茶园距女子家仅一箭之地，既无沟壑山林，又无江河湖泊，但是坦坦平地上的一座坟墓使他顿生疑窦。经寄居该村明察暗访，得知该坟埋葬与此女失踪的时间相仿。经挖掘此坟细查发现棺椁下土质松软，深挖则掏出一女尸，经辨认后果然是茶花女。经审讯原坟掘墓人得知，茶花女那天经此地去茶园，出于好奇，看他们打墓，打墓人趁机将其挟持墓中轮奸致死，埋于将要置棺之地下。终使案明，凶手落网。

到南海任知县又遇一凶杀案。一茶商店全家被杀，唯独店中的安徽茶客和店户女主无恙。前任知县察情未确，以情推理、刑讯逼供，就以因奸杀人定案，将那俩男女以死因收监。梁星源到任后，那两个男女禀请复查，但都没有证据。星源守孝回复时，便将胞兄带到任上，供其享清福，以报兄长耕樵供读使其折桂之恩。其兄在茶（商）店的不远处结交一家在南海经营药材店的眉县乡党，得知茶店的股东乃南海地方乡绅，与店掌柜合股经营茶店，在茶叶出口、生意兴隆、财源茂盛时升起独占之心，密谋纠合歹徒，杀害店主一家，独留安徽茶客和店户女主，企图嫁祸于人。药店掌柜等周围知情人员，以前怯于地方势力未敢声张。星源派人捕获凶手等一干人犯，搜查审讯后人证、赃物证据俱全，茶客、女主沉冤得雪。

道光三十年（1850年）初，朝廷实授梁星源云南按察使（简称臬台或臬司，正三品官）。立足未稳，广西太平军等农民起义纷起震动朝廷。星源因在湖广多年深知情形且办防有法，作为重藩被朝廷特授湖北布政使（简称藩台或藩司），次年进京陛见咸丰皇帝后视事湖北。他遵照皇帝旨意，开藩敷政，与巡抚、按察使等筹饷议防共守武昌，他以文官兼武职，掌五台印，详察实情，唯恐造成冤假错案。

咸丰三年（1853年）初，太平军水陆并进直破汉阳、武昌。湖北巡抚自缢而死，布政使梁星源被杀（终年64岁），按察使与武昌知府均自刎而死，学政、道员、同知也都一一丧命。梁星原长子梁兆庆奉父命守汉阳门而死；次子梁迎庆携妻带湖北粮赋账簿，杂于市民中逃出武昌城。

第二年，朝廷对武昌城陷后死亡的官吏抚恤，梁星源与所有死亡者一样成万沟中之瘠，尸首没有找到，只将其生前衣冠入殓成柩，由次子扶丧归里，葬于自家老宅范家营村北。

梁星源生前家庭并不甚富裕，然而死后却盛名一时。朝廷既敕封，又馈赠。咸丰皇帝亲颁御祭文，赐谥敏肃公，晋封资政大夫，诏正二品官；封赠其兄为朝议大夫，荫垂子孙世袭骑都尉（四品武职）。

清同治三年（1864年），太平天国农民起义被镇压后，清廷拨下大量专款为梁星源建祠立坊，以颂其功德。"梁敏肃公祠"修建在岐山范家营村。"昭忠崇祠坊"修建在岐山县城东大街中段，1956年被确定为省重点文保单位，"文革"初期被作为所谓旧文化建筑拆除。

第四章 近代

　　近代以来，岐山是西府地区民主革命的发源地之一，尤其是在新民主主义革命期间，岐山建立了西府地区第一个中国共产党组织，点燃了新民主主义革命的星星之火。这段历史时期，不同领域涌现出一批杰出人才，本章选编了其中36位，他们在周风岐韵的熏陶下，积极接受新思想、新文化，或投身于革命、或服务于社会，都为中华民族的独立、新中国的成立和社会主义经济、文化建设等做出了各自的贡献。

岐山县"强项令"李文翰

李文翰（1805—1856年），字云生，号莲舫，别字宗甫，安徽宣城人，清道光八年（1828年）举人。道光二十三年至二十七年（1843—1847年）任陕西岐山知县。道光二十五年（1845年）率领随从在县城外召亭故地春游访古见到甘棠古树，便运用传统写生手法，绘制甘棠图并撰写图文记，以之颂扬召公德政。

1847年，岐山人武澄将李县令上述图与《记》用篆书镌刻于石碑。石碑右上部镌召伯甘棠图，左上部镌《甘棠图记》，石碑中下部绘甘棠树全形，左下部镌武澄题识，右下部尊敬地镌刻着李文翰"家在江城画里"朱文印一方。

随后，李文翰被陕西巡抚张祥河举荐升任四川嘉定知府。后来迁任夔州知府，以道员留川中。

李文翰为人正直，有文名，知音律，善书画，尤工戏曲。书法早年学王，秀润俊逸，后习汉隶，雄强厚重，学者宝之。有传奇《味尘轩四种》，另有《味尘轩诗文词曲集》传世。

凤鸣书院首任岐山籍主讲武澄

武澄，岐山杏园人。清道光二十年（1840年），获科举乡试第二名（亚元），学识广博、善于诗文、品行端正。

1842年，其与科举乡试第一名（解元）、凤翔郑士范等人重修张载祠，并重新整理了《张子全书》。郑离开到贵州做官后，武澄独自承担整理编校工作，同时编纂出我国第一部《张子年谱》，系统介绍张载生平事迹。

道光二十七年（1847年），武澄将岐山县令李文瀚绘制的《召伯甘棠图》和《甘棠图记》勒石成碑，立置于周公庙召公殿前檐墙外侧台阶上，成为很有价值的岐山乡土文物。

武澄是岐山凤鸣书院岐籍首任主讲，诗文集有《镜州制艺》《小剑南草》《蔼吉堂诗集》《饮风集》《杏村诗集》《见所未见录》等。

召公祠创建者武文炳

武文炳，字敬亭，清末岐山县城东郊杏园村人，贡生，武澄之侄，关中理学大师贺瑞麟弟子，推崇其贺老师学说，参与纲常伦理、礼节礼仪等理学著述为主的《清麓丛书》《学古书院杂文偶录》《箴铭辑要类编》《朱子家礼》《论书偶存》《朱子行状总论简注》书刊刻印，历任三原县负责教育教导训诫学生的正式教师教谕、岐山县教授五经的学官学博等。

光绪十二年（1886年），其捐资参与在凤翔创建宗铭书院。清光绪二十六年（1900年），武文炳等人经向躲避侵华八国联军驻跸西安的慈禧太后奏请获准，并从国库中拨出5000两银子作为支持费用，在《水经注》《括地志》记载的召公采邑所在地刘家原村，为召公建祠。1902年建成的祠门（居于东院正中位置）正上方镌刻"敕建召公祠"匾额，祠门南向并配建三门套房，祠分两院；祠中院建有召公正殿、献殿各五间，均为五脊硬山顶，规模宏伟，富丽堂皇，十分壮观；祠西院建有重檐攒尖顶、高约8米的召公亭；东西两院之间敞开未置隔墙。上述建筑均在"文革"期间被拆除。唯正殿内所悬1903年"光绪癸卯御书"之"甘棠遗爱"金字牌匾尚存。

在召公祠建设过程中，发现了著名的西周"太保玉戈"古玉。太保玉戈为西周早期刻铭的玉器。武文炳发现之后被清末大臣托忒克·端方收藏，现藏美国华盛顿弗利尔美术馆。陕西历史博物馆藏有太保玉戈全形拓片。

武氏世为岐山望族。武文炳祖父武锡广，字甲运，号蔼堂，道光乙酉拔贡，以亲老就教职当路保荐，奉旨以知县用纤分四川，历署盐亭、新都等县知县，旋补石泉县知县。循声卓著，因委署广安州知州，继又以南充繁剧需人亟复调补南充知县，任满奏升雷波厅通判。武文炳支始祖为明代进士，由东昌府升云南道，遂因病去世于岐山家中。

法部员外郎段维

段维，字纲伯，号用霖，岐山县城凤凰村（今凤鸣镇城北村）人。对于法学尤有造诣。清光绪十七年（1891年）辛卯科举人，光绪二十九年（1903年）癸卯科进士。分授法部主事，不久迁四川、河南科主编，兼任清末新政机构的参厅会办，后被选拔担任京外法官考试襄校官，因功加法部员外郎。禀赋聪慧、思想进步、忧国忧民，学习精细勤奋，所写文章内容宏深、文笔精美，为中国法律现代化和近代刑法之父、刑部右侍郎、修法大臣、大理寺正卿、法部右侍郎、资政院副总裁沈家本赏识。

他将法学运用于办案之中，摒弃残酷的刑律，用法仁恕平和；在法部办理盗案，详审细察，平反了许多冤错狱案。甘肃回民马化龙子孙，久陷囹圄，经段维建议再次勘查，冤情得到冰释，性命得以保全。四川奏报盗案，株累牵连人员过多，段驳令复审，无辜之民得到甄别。

对于地方的办赈兴学，修缮孔庙以及征集关陇文献，纂修《陕西通志》，他均热心资助。其著述主要有《梅雪堂文集》《避乱杂吟》《青门琐记》诸书。

公车举人张镇岳

张镇岳（1866—1912年），岐山县城北杜家庄人，性耿介、恶弊政、敢于斗争、为人正直，"公车上书"的参与者，被美誉为"穷人的举人"。

出身于书香之家。其父为清同治十二年（1873年）癸酉科举人、光绪三年（1877年）丁丑科进士，常用儒家正统思想教育熏陶他，并使其从维新改良思想家的言论中受到西方资产阶级政治学说和自然科学知识的启蒙。

镇岳勤奋好学，早年就读于凤鸣书院，后参加凤翔府秀才考试名列榜首；秋闱又中"五魁"。同时，他努力汲取新知识、新思想，抨击陋习、坚持正义，不满清廷腐朽统治，常与仁人志士切磋国事、陈述己见，寻求救国救民良策。

清光绪二十年（1894年），获取甲午科第5名举人。翌年四月进京会试时，与各省1300多名举人一起参与康有为组织的"公车上书"活动，毅然在"万言书"上签名，反对清王朝与日本签订丧权辱国的《马关条约》，要求"拒和、迁都、练兵、变法"，从而使他萌发已久的维新夙愿得以尝试。

"公车上书"失败后回到家乡。他赍（jī）志不已、不辍努力、追求进步、兴办私塾，购买所用之书，集结好学之士，面向穷家子女，以"开岐山风气，使人共讲实学"为宗旨，振兴地方教育事业，宣传维新思想，循循善诱、启发觉悟，精心培育学生。使张士俊、孟存心、王权中等一批英才得以留学日本，脱颖而出。

张镇岳平易近人、才华出众，乐于以己之长为人效劳。城乡邻里求其书写碑、匾、联、幛、书信者，他都有求必应，热情接待、认真操办、不收酬物、博得好评。民间大多纠纷，乡亲必请他调解，均能得到公正处理。遇有官府裁决不公之事，他不畏权势，亲赴县衙相质，为民申冤。

光绪二十八年（1902年），陕西各地官盐局成立，将食盐价格由每斤十五六文提升至七十文，张镇岳带头奔波疾呼，严词指责官盐局的罪恶行径，并支持参与凤翔府岐山等县人民反对盐斤加价的斗争。

张镇岳于1912年去世，乡人曾赠其"德高望重""善为解纷"的牌匾，其学生为他竖立"德教碑"。

凤鸣书院山长王俊哲

王俊哲（1875—1947年），字葆初，通济乡（今蒲村镇）洗马庄村王家人，曾任凤鸣书院山长。

王俊哲自幼勤奋好学，青年时期以优异的成绩考中廪膳生员。廪膳生员又称廪膳生，清代科举制度中的一种生员名目，选拔非常严格，只有经过岁试、科试一等前列的优秀者才能获得廪膳生员资格。王俊哲为人正直，清高狷介，立志致力于启蒙教育，先在岐山凤鸣书院执教，曾任书院山长。他学问渊博，颇得学生敬慕。

自民国十二年（1923年）起，王俊哲先后在南坡寺小学（位于今岐山县雍川镇杨柳村）、岐山县城东街小学、麟游中学等学校任教，主讲国文。他尤擅长教授古文，在翻译、训诂、分析等方面都能游刃有余，收放自如，颇有独到之处。岐山名医王秀春曾请王俊哲为其撰写碑文，王俊哲写下寥寥数语，其人其神跃然纸上，被乡邻传为佳话。

王俊哲教书育人，认真负责，他的口头禅是："能叫在校有怨声，不叫出校留骂名。"在他的教诲下，学生多能读能写，功底扎实。他也因此深受学生们的爱戴。民国二十六年（1937年），他的学生们为感念师恩，集资为其立"德教碑"。

"带下医"王继荣

王继荣（1880—1967年），以医德独秀于岐山杏林之园，为邑人所称颂。他在60岁、70岁、80岁寿辰时，均获岐山各界人士敬赠之"济世活人"牌匾、旌旗等。

1880年，王继荣出生于岐山县北郭坳王村。幼时日卖蒸馍于市中。10多岁进入县城冯贡药铺当伙计。冯开铺行医，其子从父学医。冯常将《汤头歌诀》《药性赋》《脉诀》诸书内容让子背诵。其因贪玩恶学，于是常让年龄相仿的王继荣先学尔后再教给他。这样，继荣便借在磨房里赶牲口的空隙，就着黯淡的灯光，刻苦好学、博览群书。久而久之，继荣将不少医书背诵如流。冯贡怜惜继荣磨房学习医书的才能，便将伙计王继荣选作徒弟培养。

继荣24岁起在县城开铺行医，取名"同春堂"。20世纪40年代末，他已名扬西府。解放后，他参加县卫生协会，婉拒不少医疗单位的聘请，以民间医生的身份继续为百姓服务。

王继荣从医70多个春秋，识多技精，临床推崇金代医家李东垣《脾胃论》，内科病重视脾胃证治，尤其对妇科病有较高造诣，以"带下医"跻身于岐山名医之林，调经重视气血关系，补血中兼有行气，安胎兼固肾气；诊治不孕症重视健脾补肾，注重男女同治，屡治无效者重治其男。他一生治疗效验多不胜举。每当病家得子满月之日，必赠其耳枕。积年累月，他家里患者表示谢意的耳枕成垒，由此可见其医治妇科诸疾疗效之一斑。

他医济贫病，好像疾痛在自己身上，医风励人。他以解除贫困群众疾病为己任，以"穷汉医生"的称谓律己救人。对贫困患者组方遣药时反复琢磨，常用价廉效佳的中草药为之医治，对特别贫困的患者，他不但分文不取，精心调治，甚至解囊资助其生活。

其医德高尚、禀性耿直、不事权贵。临证省病问疾，不论达官显贵、平民百姓，均以礼相待，按先后次序或轻重缓急诊断治疗。20世纪20年代初，他拒绝为屯兵岐山的军阀麻振武的姨太太看病，令普通百姓佩服称颂。

王继荣虚怀若谷，从不恃功自居、自矜己德。对别的医生的处方，他诊治时从不随意点检和评头论足，而是博采众长、兼收并蓄，不断提高自己的医疗水平。最忌讳为取悦于他人而当面诋毁同行的言行。临诊，他端坐、严肃、认真、求实，一丝不苟、谦虚谨慎、不掺闲言，不高谈阔论、自我吹嘘，从不"吃名"。而是一有余暇，他便抓紧学习，总结经验教训，及时修正治则。

1967年，王继荣不幸患中风与世长辞，终年87岁。

岐山名兽医王和

王和（1880—1956年），岐山曹家乡（今并入蔡家坡镇）鱼龙村人，出生兽医世家，小时读过五年私塾，后随父学兽医。

王和一生以兽医为业，行医50余年。他根据病畜的毛色、行走和叫声即能诊断畜病，火针、中药兼施。他擅长用土单验方，花钱少，治大病，特别是发展了祖传的丝瓜络汤，加减施用，每获奇效，有"手到病除"之誉。有一次，五丈原镇（今并入蔡家坡镇）一头骡骡患腿疼，久治无效，他采用扎火针之法，一周后痊愈。曹家乡原星村一位村民养的一头耕牛突然闭目难睁（混睛虫），请王和医治。王和认真检查后，先给耕牛四蹄放血，并扎开天穴，抹旱烟屎，混睛虫随水而出，耕牛不久痊愈。1955年，王和在高店镇成立中西兽医联合诊所，由长孙任所长，自任医师，群众起名"爷孙站"，后来并入五丈原畜牧兽医诊所。

王和行医，不论畜主贫富远近均一视同仁。有时远道而来的病家碰上下雨等坏天气，他就挡人留畜，施药诊治，不取分文。人们赠他"众望贤孚""天赐纯古"等金字牌匾。

秦腔名演王彦奎

王彦奎（1881—1944年），又名王书，艺名唐娃子，岐山县麦禾营唐家村人，著名秦腔演员，人称"王班长"。

学童期即酷爱戏剧，因之离家出走，在汉中投"石娃子班"学戏。天资聪颖的他，经年即能登台演唱。几年后，随戏班先后到达宝鸡的虢镇、凤翔、岐山等地演出，牵着他从汉中就喂养的活鹿表演《许田射鹿》中的汉天子刘协，活灵活现地带领文臣武将围猎情景，别具一格，名噪西府剧坛。

嗣后，王彦奎在岐境忠庆、永顺（高家）和眉县华庆（张家）等戏班搭班演出，四处漂泊、常无定所。在丑寅班唱戏的近10年间，他曾与陕西靖国军首领郭坚联系密切。他在华庆社唱戏的时间为最久。

始工小生、后演须生。黑胡、白须、靠把、纱帽、道袍，他无不精彩，尤长靠把戏。扮相英俊、气势雄浑、音容兼优、声情并茂，大板乱弹更为突出。他宽音本嗓、端起端落、有声有字、情真意切、慷慨激昂、淋漓尽致、轻松愉快，在秦腔舞台上逼真地塑造出许多栩栩如生、性格各异的艺术形象，堪称艺苑奇葩，为群众乐道。

王彦奎秦腔艺术功底深厚、声技俱佳、文武不挡，唱念做打出类拔萃，形象威武雄壮、潇洒生动，唱腔高昂圆润、吐字收声、行腔运调自然流畅，音质宏厚清亮、满宫满调、字正腔圆、刚毅有力、收韵紧凑，中正平和，有"天罡音"之称，被誉为西府秦腔的正宗。其表演技艺娴熟，每出戏都有绝招，"装谁像谁"，靠子扎起来像个领兵坐帐的大将，戴上纱帽像个满腹经纶的文人谋士。他在《伍员逃国》中所扮的伍员（伍子胥），兜马跑场、出场趟马、马嘶风疾，他提袍甩袖、袖姿盈情，真如大将跨坐骑驰骋疆场的风度，有"唐娃子打一鞭喇叭吹炸"之赞誉。在《破宁国》中，他扮演朱良祖，双枪打出手，动作干净洗练。在《黄河阵》中，他鞭扫灯花，鞭梢到处，正准舞台两盏油灯的灯芯，灯不灭、油不倒、碗不破，而整个舞台霎时灯花飞舞，恰似天女散花，堪称绝技。在《太和城》中他抢麻鞭、打五鬼、技惊四座。他的演技为刘毓中所赞赏，曾被邀请到易俗社，在西安挂牌演出、誉满西京。

王彦奎一生先后主演30余本剧目，尤以"四阵三箭"（《黄河阵》《梅花阵》《五雷阵》《石仙阵》《泗水王带箭》《周处机带箭》《赵德胜带箭》）为人们所称道，被称为戏班里专演"皇上"的人。在《赵德胜带箭》戏中，城下叫声箭射来穿喉而进，他将箭夹在腭下，甩须箭上，并用力追杀持灯小卒，进行城上、城下的对问对答。他在这出戏里的演技，可与被誉为"戏圣"的晚清著名须生润润子相媲美。在《梅花阵》中，他"耍单鞭"轻松自如、舒展大方，就好像鞭子在手上粘着一样，一槌一脚都很有功夫。他在《醉写》《醉骂》中饰演李白，一举一动、一招一式真切动人。他每逢大板乱弹或撂板需腔的地方，一板乱弹可不换气而一气呵成，因而他善于扮演《风波亭》《李陵碑》等内容悲壮慷慨的戏剧人物情节。

他会戏甚多，除上所述，还表演过《抱火柱》中的梅伯、《清河桥》中的养由基、《施公案》中的黄天霸、《磐河湾》中的公孙瓒、《泗水关》中的陈宫、《白帝城》中的刘备、《八阵图》中的孔明、《雁塔寺》中的唐中宗李显、《金沙滩》与《李陵碑》中的杨业、《草坡面礼》中的岳飞等。但他一生忌讳出演关公戏。

遗憾的是王彦奎秉性急躁、脾气刚烈,一生未带过徒弟。向他学习的人只能随台观看,得不到真传。因而其艺术精华没有得到很好继承。1944年11月12日(农历九月二十二),因暴病去世。梨园一别花甲子,西秦永留艺人名。高超的艺术造诣,使他不愧为秦腔舞台上的一代宗师。这正是老树响秋堂,优伶声如在。

"八先生"王秀春

王秀春(1884—1954年),字绵屏,岐山县蒲村镇洗马庄王家人,岐山名医之冠,精于临床内、儿科及杂病诊治,医术精湛、疗效卓著,誉满岐域。

依其叔伯兄弟排行皆称其为"八先生"。幼时读过几年私塾。辍学后曾跟师习艺。后萌生以医济世之念,于是四处搜寻医书,循序渐进学医,初读陈修园《医学三字经》,继则潜心细读《本草》诸书,穷识诸药性味、功效、应用,通读《医宗金鉴》《寿世保元》等临床医书,从外地借阅《内经》《难经》。24岁起悬壶乡里为人诊病。诊务之余,认真抄录、细心研究。

他学医,既无家传,又无师授,全凭自学勤思、穷根溯源、力求甚解、勇于实践,每遇疑难总要弄懂方肯罢休。读书若有心得体会,便做笔记或随手眉批于书中字里行间。发愤攻读、学而时进、医理日明,临床基础逐渐奠定,求医者日渐盈门。随即聚资在家开设中药铺,取名"济世堂",以寓济世活人之意,远近求医者鱼贯若市。每天接诊高达70余人次,余时还走乡串户施治,经常夜半方归。而立之年崭露头角,不惑之年医名大噪。

1929年,岐地兵旱两荒。他携眷西行千阳、陇县,出方救治当地霍乱(虎疫)患者,疗效甚众。医名传扬千陇、宝鸡、麟游及甘肃灵台诸县。直到解放前后仍有这一带的患者远涉百里求治于王秀春门下。

千陇疫情消除后，他返回岐山为乡人看病。1936年因事到西安，经乡党介绍为于右任医治腰痛病，仅几笺草药就使其痊愈无恙。于为王秀春50岁寿碑阳面亲书"春满杏林"4个大草字，以之颂扬其高明的医术。

王秀春的医疗成就是多方面的。突出地表现在他对内、儿科杂病及某些热性病的治疗上，注重人体正气，立法用药贯彻"扶正祛邪"的学术思想，辨证论治精当，处方用药严谨，临床疗效甚佳。他多从肝脾入手诊治内科杂病，善通气血，正确处理"正"与"邪"、"补"与"泻"的关系，以自拟的消积保珍汤为基本方化裁制成丸散让臌胀、症瘕、积聚等病人久服，每获殊效。他对儿科疳积的治疗堪称一绝，以抑肝扶脾作为治疗大法，创制退黄散，配成丸剂。患儿服后，月余则精神转佳，半年则脾强肌丰。饥馑年代，凤翔、扶风等地患儿，曾远道前往求治。新中国成立后，他将这种构思不凡的奇特秘方献给人民政府医疗机构。对某些传染病，他以芳香清凉之剂取效。用"蚕矢汤"与不换金正气散，配合针刺委中、承山、足三里诊治霍乱，解转腿之标急，效果满意。用泻心导赤饮，使天花病情转机。

他临证问病，望、闻、问、切四诊合参，尤其精于脉理，以脉诊喉疾，至为高妙。晋代医家王叔和《脉经》所载二十四脉，被他细细揣摩指下，待机用于临床，脉诊水平达到很高程度。临证切脉，即知病之八九。根据脉象反映的病情，然后循病，他能言明病之所在，病人十分佩服。他不仅十分熟悉常见病脉，而且能应用"十怪脉"断人之寿夭。四邻八乡，不少患痼疾久治不愈或危重病临终之际，总要请他号脉，以断预后，方才定心。而王秀春之见常常应期应验。晚年，他将诊脉经验写成歌诀《佛点头脉诀》，尽囊临床经验，读来朗朗爽口，通俗易懂。

秀春注重药方。历代名家主要方剂，他均烂熟于心。临证处方信手拈来，如囊中探物，加减变化轻松自如。用药注重地道药材，讲究川厚朴、淮山药、云茯苓、杭菊花、川黄连等货真价实的药材。他师古方而又不拘泥。如归脾汤本为补益心脾之剂，而他经常变化屡屡用于治疗慢性痢疾。他也从不轻视民间土单验方和小方小法的应用。他治疗乳蛾，常用民间流传的针刺，放血排脓、吹敷硼砂，服用茯苓连消毒饮。经过一扎、一敷，一服，一次便愈。

他诊病概以病之轻重缓急安排出诊先后次序，而不论贫富贵贱。出诊近邻总是徒步前行，从不乘车骑马。高尚的医德，使他深受人们尊敬和爱戴。50大寿时，全县各界人士集资捐助，饰石立碑，四邻八乡群众云集秀春家所住村庄，搭台唱戏祝寿三日，颂扬其医术医德。

他还在繁忙的诊务之余，撰写《临床验案拾零》《经验仙方》《单验方集》《探小儿病歌》《审候歌》及《佛点头脉诀》等，既整理总结自己的临床经验，又为临证授徒之用。他一生先后共计授徒13人，有现从事医疗并享有医名的张文焕、安福等。1953年，他当选为岐山县第一届人民代表大会代表，次年去世。其子王校，子承父业、尽得真传，从县中医院退休后仍坚持坐堂行医，在岐山享有盛誉。

秦腔须生名演张德明

张德明（1885—1975年），字保祥，岐山县故郡寺人，著名秦腔须生演员。为此洒下辛勤汗水，留下不可磨灭的艺术足迹，堪称艺人之表率与秦腔名流。

童年时家贫如洗，片瓦无存，父母和他3人栖身于村外土桥旁的破窑内。生计无门，便于1890年随父翻越秦岭南下逃荒要饭。行至汉中，父亲为保住儿子保祥的性命，不得不忍痛将5岁的他卖给一家财主做苦工。

他与财主家一10岁左右的小长工一起为主家放牧牛羊，早出晚归，风雨不避。两年后，得知汉中府一戏班招收学徒，保祥便偷偷跑去应考而被班主看中收留，编入科班学艺。从此，7岁的他涉足梨园。为了改口音他经常被老师傅的长烟锅打得头破血流。学唱时后脑勺的小辫子时刻攥在师傅的手里，一有不慎就被揪得头皮剧疼。

漂泊异乡的煎熬，闯荡江湖的沧桑，艺术生涯的坎坷，促使他发愤学戏。功夫不负有心人。经过七八年的刻苦磨炼，他终于以优异成绩出科登台。出科后，他由南向北搭班唱戏，经过几个班社，时间不长便进入高家社。风华正茂、初出茅庐的张德明一鸣惊人，被箱主用50两银子的高价聘定，并为他娶妻安家。他从此成为高家班的台柱子。在高家戏剧舞台上，他艺术造诣日臻成熟，表演风格独特。经过小生、道袍须生的演练，终以饰演衰派老生盛名秦腔剧坛，尤其在笑、念、唱、表诸方面造诣精深，表演技艺隽永流长、绘声绘色。

他天赋本嗓发音、满宫满调、高亢激越，行腔中融化川剧味道，唱腔的气势更显雄厚、磅礴，能顺应大板，百字甚或千字的唱段，都能始终如一、吐字清晰、字正腔圆，他力矫雕工粗疏、戏路不到之习，精于道袍，喜、怒、怨、骂、悲、愁、哀、恨、憎、欲都表现得比较深刻和逼真，能将戏中人物的细枝末节传给观众，有些台词脍炙人口、烙印不灭；他善于刻画人物的内心冲突，不论是人物纷呈的场面，还是独来独往的一隅，都能把握分寸，使其恰到好处。在拿手独角戏《诸葛撑船》中，他扮演深谋远虑的诸葛亮，信船江上、摆渡自如、郁而不露、稳操胜券，通过大段有根有梢、有因有果、入情入理的唱词和道白，一动、一静、一表的程式表演，把老道不失的诸葛亮内心境界揭示得淋漓尽致、入木三分，艺术感染力极好。在《崇祯王上煤山》里，他匠心独运，以独特的演技和盘托出一个行将晏驾之王奔逃的狼狈相，从王的扮相到逃走的动作，都精心设计表演，使其在逃跑中弃靴赤足、诚惶诚恐、形象真切。

他还有拿手的笑技和道白，驭笑自如、舒展含蓄、真假并见、假中寓真、真假结合、因人而定、随时而变，使人物心绪得以充分发挥、感人肺腑、令人动情。他道白咬字真切、韵味醇厚，跌宕有致或一气呵成、气壮山河，或奔腾不驭、势如破竹，或稳操持重、不紧不慢，将复杂相异的心理状态表露无遗。在《甘露寺》中，他装扮乔老，向太后介绍刘备、关羽、张飞、赵云4人的大段道白，念得疾徐舒坦、抑扬顿挫、轻重适宜、铿锵有力。全场虽他一人做戏，但通过笑和道白，舞台气氛却异常热烈，使乔老人物形象活脱脱地展现在观众面前，剧场效果极好，有"活乔老"之称，观众赞美不绝。

他做戏不以熟悉自己的角色为满足，全剧所有角色的念唱表他都一俱熟悉，并对全场所设文武音乐及繁杂的唢呐曲牌都念得涓涓如流。他还间以杂角，也不逊色，如《落马湖》中水贼秃子"鱼亮"磨刀一场，歇顶秃头、莲茬短须、血盆大口，他将一个杀人不眨眼的刽子手表演得活灵活现、惟妙惟肖。

1934年，岐山凤鸣社成立后，他到该社演戏至解放。为了生计，在大戏班间休之际，他还曾搭过木偶和皮影等小戏班子，以一个普通演职人员与同行相处，备受赞誉，艺容艺声留落西府城乡，足迹遍及西秦各地。

新中国成立后，他好似枯木逢春，1951年当选宝鸡专区第一届文联代表会代表，1953年当选为岐山县第一届人代会代表。身为新中国文艺战士的他，主动参与岐山县剧团创建，不计较待遇、积极工作，经常随剧团走镇串乡，不论远近总是步行提前到达，不满足于自己在艺术上取得的成就，对古典传统剧目刻苦钻研、精益求精，同时，如饥似渴地学习新剧目、新艺术。所演新编历史剧《九件衣》中的大成爹、《法门寺》中的宋国石、《赤胆忠心》中的华仁杰、《四进士》中的宋士杰等人物形象均很丰满成功。

1956年，他以西路老艺人代表身份，应邀出席在西安举行的陕西首届戏剧观摩大会，展演《拉骡子》，受到与会同行称赞。他演出的该剧与《诸葛撑船》《伯牙奉琴》（现改名为《子期论琴》），被陕西人民广播电台录音，至今还在播放。他将自己多年收集、珍藏包括已经失传的《雷火珠》《蛟龙帕》《五路伐蜀》等手抄剧本赠送给观摩大会，同时，他还把自己演出的20多个西路秦腔老剧本口述奉献给大会，为挖掘艺术遗产提供大量资料，树立榜样，其献艺精神受到大会的充分肯定和表扬。

会演结束后，他被留到西北戏曲研究院（今陕西省戏曲研究院前身）工作，后来还曾到省戏校工作了几年。张德明在西安度过了艺术生涯中的最后十个春秋。环境改变后，他对自己要求更加严格，孜孜以求、老当益壮、自强不息、口传剧目、示范表演、带徒传艺、广交同行、切磋技艺、严谨潜心，滋补精进自己，精心培育学生，一招一式、一字一名、一丝不苟、曲不离口、戏不离手、不断练习，基本功日益纯正、名声大噪，艺名迩播西岐、遐扬三秦。

他极力推崇"世道人心"辅助社会教育有益之说教，以文艺导化人心，以先品行而后艺术为宗旨，对学员循循以导、谆谆以诲，力戒晚辈同流时俗。

张德明近80年舞台砥砺升华，共饰演剧目80多本，塑造多姿多态的舞台人物形象，其中在《四进士》《抱琵琶》《双灵碑》《李白醉写》《文王回西岐》《辕门斩子》等剧中饰演的人物，充分显示他精湛的表演技艺、百演不衰，令人倾倒不已。

张德明为人正派，性格清高、耿介，行为端庄，鄙恶低级粗俗，不染嗜好、不抽纸烟、不喝浓茶，从未贻误过工作。1965年，从西北戏曲剧院退休归里。1975年2月16日病逝，享年90周岁。

扶危济困黄全福

黄全福（1886—1958年），岐山县故郡乡（今故郡镇）黄家人。

黄全福家祖上数代家境贫寒，全家人一年辛勤劳作，仅仅勉强维持生计。到了黄全福这一代时，他颇有经济头脑，始终坚持以勤俭为宗旨，辛勤劳作。经过数年努力，家境逐渐殷实起来。

民国十八年（1929年），关中地区出现罕见的大灾荒，久旱无雨，庄稼颗粒无收。在乡间，想借一升一碗救命的粮食，也借贷无门，甚至连树皮、草根也被灾民吃光了，到了冬季尤为难熬。在几千年的周风遗韵的熏陶下，造就了岐山人乐善好施，扶危济困的淳朴民风。面对此情此景，黄全福于这年冬对亲戚、朋友及乡邻中断顿和饥饿待毙者，按人口数量将自家的余粮，亲自送到他们家中，先后接济亲友、相邻粮食达30余石。

有一天，乾县、礼泉一带逃荒的7名男女灾民，在他们村南的关帝庙落脚，用清水煮草根吃。黄全福得知后，回家取黍子面10余斤，送给他们，不待他们致谢，转身而去。黄全福尽力救济他人，而不求扬名的美德，在乡里传为美谈。

同盟会员张士俊

张士俊（1888—1925年），字运章，岐山县益店镇张庄人，留学日本早稻田大学政治经济科，为辛亥革命时期同盟会员。

1917年，张士俊回到陕西时，正值靖国军在三原起兵，他欣然前往参加，为胡景翼所器重。他还与于右任过从甚密。1918年，受聘在三原创办渭北师范（省立第三师范学校）时战事频仍、经费奇缺，他四处奔波、苦心筹集。学校建成随之出任校长，并任靖国军时期在三原成立的省临时议会议员。

三师校长张士俊，聘请魏野畴、李子洲、杨明轩、杨晓初等共产党员在该校任教，在校内允许师生阅读《共产党宣言》《哥达纲领批判》《国家与革命》《帝国主义是资本主义的最高阶段》《向导周报》《中国青年》等进步书刊。李琦、曹永丰等岐籍学生经常在他家里以西府同乡会名义集会，学习和谈讨革命真理，不久李琦、曹永丰均加入了中国共产党。三师为陕西培养出一大批革命骨干。

他又募捐筹款，创办私立三原女子中学，亲撰校歌歌词："天赋人类平权，礼法专制几千年，奴隶我女男，掠夺我人权，千秋痛史不能回首看。日今恢复赖无产，教育平等最为先，创造新社会，打破旧习惯，努力一跃，两性要比肩。"张士俊善于演讲，利用学校放假及回乡探亲之际，在岐山进步青年中宣传鼓动革命思想，传播真理。1925年，河南军务督办胡景翼，连电急召张士俊，想委以教育重任，未来得及前往即患病殁于校长任上。男女学生千余人无不失声痛哭。在三原城隍庙开追悼会时挽幛如云，于右任从上海特意送来挽联，并亲题中堂。

反官盐斗争头领李猪娃、王摇摇

李猪娃、王摇摇是率众砸毁清末凤翔府所属官盐机构的头领，他俩打响20世纪初陕西西府地区农民造反的第一枪。李猪娃（？—1905年），岐山县蔡家坡令狐草坡人。家境贫寒，衣食不济，但他深沉有谋略，善谈闾巷琐事，粗识文字，喜读《三国演义》《列国》《水浒传》等书，经常习拳练武，人们俗称"武状元"。王摇摇（？—1904年），岐山县蔡家坡令狐东村人。农民出身，身材高大，发稠眉黑，目光炯炯、神采迎人，甚有胆略、不畏强暴。远近知其性格者，均愿与其接近，俗称

"王关公"。李、王两人，均以农田为主业，但不能糊口，农闲时驮盐赖以养家。

清廷为筹集4.5亿两白银的庚子赔款，进一步搜刮民财，对食盐销售划分行地，实行"官督商办"。清光绪二十八年（1902年），陕西省凤翔府成立官盐局，府属8县及虢镇、阳平、蔡家坡、高店、齐家寨、益店、陈村等处设立分局，包办群众用盐，只许群众买官盐，不准百姓私人销售食盐，强用"大秤"（即称1斤盐实际超过1斤）接收脚户所驮之盐，并派巡勇到处滥捕贩运食盐者，甚至将盐贩股骨割开向内强灌盐水。官盐局里的盐勇、卡丁又肆意勒索驮盐脚户。靠驮盐挣些运费钱贴补家用的小盐贩们经常受到盐局的刁难与克扣。因此造成李猪娃等人驮盐严重短斤少两，致使其驮盐骡子被巡勇扣留宰杀吃了肉。李呼告无门、怒火填膺。不久，邻村的王来娃3匹驮骡和盐与其他脚户共60多匹驮盐牲口，均被凤翔官盐总局麟游天堂寺分卡司事扣留。王来娃知道李猪娃、王摇摇正直好义，便求他俩设法要回骡子价值钱。

王摇摇曾多方通融并向官盐局求情，皆遭痛斥。在官盐局的控制下，盐价不断上涨，由光绪初年的每斤十六七文涨到当年六七十文。民谣说："凤翔府里刘少强，开官盐店黑心肝，不爱百姓只爱钱，盐不用秤拿碗按。"人们被迫相率淡食，有的晒制含硝酸盐之土代替食盐，有的以碱土为盐。食盐因此成为人们生活的沉重负担。

在这种情况下，怒不可遏的李猪娃、王摇摇决计砸毁官盐局，经与凤翔农民晁黑狗等人在眉县齐家寨商议，决定共同起事。他们各自联系亲朋好友，相机发出鸡毛信帖。起事的消息迅速传遍齐家寨、高店、蔡家坡、阳平、虢镇及凤翔府城周围地区。经过联络，驮盐脚户和百姓蜂起响应。

光绪二十九年（1903年）十月二十五夜晚，李、王等人汇聚300多名青壮年，首先捣毁眉县齐家寨官盐局，顺路捣毁岐山高店、蔡家坡两处官盐局。局内存盐被民众拿走，器具多被砸毁，其司事闻风潜逃，未敢抵抗。

第二天早晨，他们在蔡家坡原边举旗誓师，率众浩浩荡荡向西北方向行进，直冲凤翔府城。消息传出，人人称快，沿途百姓相随者络绎不绝，拥众多达数千人。黄昏时到达凤翔东关。民众包围官盐总局，擂鼓吹号、大声疾呼，揭露官盐局罪行，要揪出作恶多端的府城盐务司事。盐勇开枪打死一起事农民，打伤数十人。群情震怒，冲进官盐总局，捣毁其各种设备用具，分发囤积的各色盐袋盐包，用芦苇席和扫把浸油燃火，将盐局及其工艺局、骆驼场房屋付之一炬，打死局内司事刘某。近在咫尺的凤翔府县官员大为惊恐，急忙封锁城门，龟缩城内。捣毁凤翔官盐总局之后，李猪娃、王摇摇等民众四散回家。

这次民众反对官府垄断食盐销售和盐斤加价的斗争，震惊朝廷上下。陕甘总督以"防范疏失"，参撤陕西副将、凤翔参将、知府、知县、盐务局负责人及岐山知县、麟游天堂寺盐务司事等人职务，并派西安右营游击率兵前往镇压民众，烧杀抢掠无恶不作。

李猪娃、王摇摇等人率领千余民众，集聚于诸葛山（今宝鸡市渭滨区），准备与官府相抗衡。官府变换手法，假意抚慰安民，群众受骗各自返家后，官兵乘机星夜搜捕所谓"叛乱要犯"。王摇摇不久就被官府差役捕获，1904年1月16日（农历十一月二十九）被杀害于凤翔府城西门外。李猪娃被迫外逃，后在甘肃省庄浪县被捕，1905年2月19日（农历正月十六）被杀害于凤翔县西偏桑园里。

攻打官盐局的英雄们虽然被杀害了，但他们英勇斗争的精神极大地震动了朝廷上下，给予清统治者以沉重打击。使官府不得不罢停食盐官运，裁撤盐务局卡，禁收运盐脚柜钱，并整修运盐道路等，盐价因之每斤降到50文。这次群众反对盐斤加价的斗争成为陕西关中西府地区反帝反封建辛亥革命的前奏曲。

辛亥革命响应者段绍岩

段绍岩（1889—1964年），又称民达，1889年出生于岐山县凤凰村（今属凤鸣镇城北村），旅京陕甘小学堂毕业，北京法政专门学堂肄业。

辛亥革命时，段绍岩加入同盟会。西安举义，绍岩奔走呼号积极响应。随之，偕同仁组建在岐山县域之北乡民团队伍，宣传推动革命。民国元年（1912年），清甘军升允部攻陷岐山县城。段绍岩密函辛亥革命组建的陕西军政府派援兵退敌。3月，他被推举为秦省临时议会议员和西区调查员，致力于停议期内的调查工作，诸多建议博得好评。翌年，连任第一届省议会议员。

1914年，袁世凯图谋称帝，省议会被解散。绍岩痛恶袁世凯倒行逆施，弃政从教，先后历任省立一、三中和女子师范庶务主任、学监、教员等。

1922年，其奉命赴日本考察教育，深感我国西北教育之落后。归国后，力劝陕督创办西北大学。次年8月起，绍岩获准参与筹办，并被聘为筹备主任，对西大的创办作出卓越贡献，后任该校秘书兼讲师。

1924年夏，鲁迅应邀在西大暑期讲习班讲学。段绍岩亲予接待，晤谈甚欢。鲁迅回到北京后，寄赠他《中国小说史略》《呐喊》各一部，并互通信函。

翌年9月起，绍岩历任省长公署秘书、长安县知事等。后来，因父丧辞职归籍。

民国十六年（1927年）三月，应冯玉祥电召复返西安，任国民联军政报处主任兼第二集团军总部秘书。八月，改任省参议兼第三科科长。

民国二十二年（1933年），调任兴平县长。在6年的任职期间，他清正廉洁、关心百姓疾苦、压缩县域行政支出、消减苛捐杂税、整修渭河堤防，在马嵬坡修建学校，致力于渭惠渠的修建和古迹保护，深受各方敬重。

抗战爆发后，他在兴平接待八路军王震所部，合作甚力。之后，其先后历任陕西省政府秘书与社会两个处的秘书等。

因不满国民党的贪污腐败，他于民国三十三年（1944年）十一月，脱离政界，改任陕西省立师专国文科教授兼秘书，积极奔走，营救保释被国民党拘捕的师专进步学生。

解放后，师专并入西大，绍岩出任文书组主任，随即进入西北人民革命大学学习。毕业后，出任西安市监察委员会秘书。1954年，受聘担任西安文史馆馆员，随后当选西安市政协委员，致力于市域文史古迹研究。1964年3月在西安病逝。

段绍岩学识、书法俱优，尤其擅长旧体诗。著作有自强斋《诗钞》《文钞》，并主持编纂《西安胜迹志略》，撰写《清军王甲三偷袭岐山纪略》《回忆秦省临时议会》等多篇文史资料；《题马嵬坡杨太真墓》3首律诗，被镌之于石，存于贵妃杨玉环墓地。

新教育先锋刘星涵

刘星涵（1889—1930年），字养伯，岐山县凤鸣镇陵头村人，中学毕业考入省高等预科。因家境窘迫，学费不给，肄业于南洋公学。但他学业未辍，在本县富绅100余银洋捐助下得以毕业。

1909年进入于右任等人创办的上海中国公学学习，时常随从于右任参加秘密革命活动，加入同盟会，积极投身辛亥革命。后来回到陕西参与当地革命活动。

1912年3月27日，他被推选为陕西省临时参议会议员。翌年，刘星涵在三秦公学（辛亥革命以后，陕西仿日本公学体制成立的一所介于高等教育和中等教育之间，以理工教育和留学教育为主的新式学校，在陕西近代高等教育的起源中占有重要地位，与西北大学早期的发展也有密切的关系），以三民主义教育学生，以图解教授学生。对算术研究精深，著有《算术各级图解》及《中国公民》，后者曾由商务印书馆印行。

袁世凯称帝时，刘星涵大声疾呼、倡言反对，响应护国战争，差点被督理陕西军务的陆建章杀害。

鉴于军阀专政，深受于右任"欲建新民国，当先建设新教育"等思想启发，刘星涵深念革命事业非有多数信徒不易成功。1916年，任陕西教育厅总务科长。联合同仁振兴地方教育，于1922年8月在西安东关龙渠堡创办私立民立中学（其为现西安市第二中学前身，曾任国家民政部副部长的张邦英等人于1925年下半年考入该校学习1个多学期），出任校长，同时兼任省教育会长。次年，以省教育专门委员身份代表陕西出席北京善后会议，被委临时参政院参政及中央农事试验场场长。

刘星涵性情耿介，疾恶如仇，对民众疾苦深为关切。省赈务会给予赈面救济岐山年馑，在没有运费无法抵岐的窘况下，他将岐山在省教育会500银洋馆费临时挪借（后由县赈务会筹还清楚）作为运资，将之运回岐山救济灾民。

其因教育经费问题愤而辞职。1930年2月，被嫉恨者乘机构陷遇害，年仅41岁。士论为之不平，争讼该案为冤案。

民国岐山县长田惟均

田惟均（1891—1966年），字子平，兴平县（今陕西省兴平市）赵村人，日本明治大学法科专门部毕业。先后两次出任岐山县长的6年间，持政勤慎干练，任内注重发展农业、文化教育等事业，朴素、清廉、惠民，为邑人所称颂。

1933年3月至1937年7月，他首任岐山县长。莅岐正值兵燹年馑之后百废待兴。此时杨虎城主陕，致力振兴三秦。田惟均作为县长，孜孜求治，躬身勤政，济时艰、苏民困，不遗余力。时常微服步行深入农村，体察民情。

一次，他在乡间独自巡视，听见两个正推碾子的年轻农妇议论说："人都说田县长好，好个啥？咋不给咱穷人买头毛驴套个碾子碾米。"他回到县府后，让差人叫来那两位农妇，指令她俩到岐山县城街道一有名的富商大号各买1斤糕点。买来后，田让人一称，一包重14两，一包重13两，当时16两为1斤。田县长即命令差人将卖糕点的两家商号掌柜传唤至县府，指责其经商短斤少两行为。在富商承认错误后，县长以其出售点心每斤差2两，罚其用经营以来的不法牟利各购买1头毛驴。奸商买来毛驴后，田县长分别转送给两位农妇，以此借水浇花。

又一次，视察到县域渭河南高店街一烧坊（酒店）门前时，田县长亲眼看见一小孩哭泣不止，便上前询问。得知这个孩子带着1只鸡到集上出卖时，不小心鸡挣脱绑绳飞进这家烧坊。孩子找寻时，该家掌柜竟说是他店里本来就养着的。街道上虽有人看见，但无人敢出面作证。田惟均便进到该店追问，掌柜一口咬定那只鸡本是他家店里的，反说这个孩子赖皮。田县长便分别询问争议双方给鸡喂的什么食物。掌柜说喂的是他家酒店后院厅房里装的稻子，小孩哽咽着说家里缺粮，给鸡喂了点高粱渣渣。田立即让人杀鸡验食，发现鸡嗉囊中的食物与小孩说的一样。店掌柜得知面前之人是县长，自己又干了欺赖弱小之事，愿意接受县长关于他加倍赔偿小孩鸡款的处罚决定。

经田惟均县长倡导在蔡家坡永乐一带修渠引水，灌溉农田；在今县城电信公司南院建起桑园，发展养蚕业；组建桥工委员会，修葺龙尾沟和西门沟等处桥梁。经过几年的整饬治理，县境逐步安静，呈现出政通人和迹象。因此，他便于1935年延聘地方各界绅耆著名士，策划重修《岐山县志》。翌年8月，全书初稿写成后，他亲自披览审察，并为之作序。该志是中华民国时期唯一的一部岐山县志，对1884—1935年间的一些资料收集详细完备、文辞精粹。田县长经常到全县各学校视察工作，整顿教学秩序，增加教育经费，奖优罚劣，逢年过节拜访知识界人士，县境学风日上。在他的关心下，后来创办起岐山第一所初中——岐山中学，国民政府监察院于右任为之亲书校名挂牌，该校不久被赞扬为陕西西府之冠。他还组织修缮周公庙等多处庙宇，树起"甘棠重荫"碑。

首次卸职离岐时，岐山绅民在县城东门口聚众欢送，摆设香案，上置明镜一面、清水一碗，意喻田惟均为官清明，苦苦挽留之人不绝于道。

1941年9月至1943年7月，田惟均第二次担任岐山县长期间，县境南山高码头一带有人种植罂粟加工鸦片谋利，并以武力把守进山关口，拒绝禁烟人员上山。县府有人建议出动武力制止。但田县长听后不予采纳，并单枪匹马孤身进入高码头，痛陈鸦片及其罂粟利害，说服人们不要种植和吸食。可任职不到两年，因所谓戒烟不力就被国民陕西省府撤职。再次离岐，岐山官吏、士绅设宴欢送，绅民还在县城东门外为其立碑，褒扬其德政。

其撰写的十八烈士遇难记和陆建章祸陕罪行之文史资料，入编《陕西文史资料选辑》第二辑。

教育界革命先驱雷星阶

雷星阶（1891—1969年），原名雷运泰（永太），岐山县益店镇方家什字人，早期共产党员，中共岐山组织创始人之一，岐山教育革命先驱。

1907年，考入岐山县立高等小学堂。1912年，考入浙江省立蚕桑专科学校。1918年，毕业后回陕，先后在紫阳、西安、富平等地从事职业等教育工作。1925年寒假回岐山后，<u>应邀参加岐山县南坡寺高小首届学生毕业典礼</u>，发表即席讲话后被县知事和开明士绅恳请致力本县教育事业。

立志实业救国的雷星阶当即放弃外地高薪，回到家乡，克己奉公创办起岐山县周公庙职业学校。在杭州读书和西安教书期间就深受中共早期党员雷晋笙（雷凤翼）感染的他，以校长身份，掩护党的组织，聘任共产党员、共青团员担任教师，支持并带头参加革命活动。1926年底，经李琦、曹永丰介绍加入共产党。1927年2月至1928年7月，先后任中共岐山特别支部委员和区委委员。国共合作时期，任国民党岐山县党部主任委员、县教育局长。

任职期间，大力宣传共产党的主张和革命思想，团结进步力量，建立革命的统一战线，举办教师培训会和刘家原单级师范学校，轮训、调训全县小学教师和进步青年，培养革命骨干，驱逐盘踞在县教育界的封建遗老遗少，选派中共党员担任教育局督学及各学校领导职务，培养革命力量。一个时期，全县教育行政大权基本掌握在中共党员手中。周公庙职业学校、刘家原单师先后成为共产党在岐山的领导机关所在地。在县城文庙组织召开2000多人参加的"4·28"李大钊等死难者追悼会，亲笔题写"黄花岗七十二烈士，谁当为首？北京城四二八惨案，君居第一"等挽联，发表似投枪利剑的演讲，满腔悲愤地声讨张作霖、蒋介石的罪恶行径，鼓舞振奋群众情绪。

"左"倾盲动主义追随者要求举行旨在检阅群众力量的县城暴动宣传活动，雷星阶被迫以国民党县党部主任委员、教育局长身份参与组织。因此1928年两度被捕。在西安军事裁判所拘押7个多月，他被酷刑折磨得体无完肤，曾3次昏死后被用冷水激醒，两条腿被杠子压伤，但他始终坚强不屈。雷星阶被保释出狱后与组织失去联系，中断了组织关系，但仍主动参与并策划凤县兵变（带出百余人和70余支枪）及"交农"运动，致使上任仅几个月的国民党岐山县长下了台，迫使县政府减免了粮款。

抗日战争时期，雷星阶以县立益店完全小学校长身份，掩护地下党组织及其领导人开展革命活动，支持国共合作共同抗日，在校组建抗日救国会，发展民族解放先锋队组织，创办《童声壁报》，指导教师把爱国主义教育贯穿于国文、历史等课的教学讲授之中，不断激发师生抗日爱国热情，被誉为"革命照壁"。他还带头将儿子雷宏宾送往陕北公学并于随后参加新四军，奔赴抗日前线。在雷校长兴教治国、教书育人思想感染下，益小教职工各展所长，协力办学，德才兼备的学生脱颖而出，教学成绩常居西府各县之首。雷星阶为共产党员遮风挡雨，革命者称赞他，反动派痛恨他。1944年初夏，国民党岐山县长终于以雷星阶儿媳妇房间的马列主义小册子及其学习笔记、《高尔基传》《鲁迅全集》等，将雷再次关押……经中共地下党组织及开明人士多方营救才被保释。

解放后，雷星阶历任益店小学校长、县文教科副科长。先后当选为县第二届、第三届人民代表会议常委会委员、学委会副主任、县政府委员，第一至三届县人民委员会委员，省人民代表和政协委员等。1957年冬因患脑溢血偏瘫后退职回家。"文化大革命"中，横遭迫害，被强拉在架子车上进行游街批斗。1969年9月含冤去世。

1978年12月，中共岐山县委为雷星阶举行追悼会，给予平反昭雪。1989年，雷星阶的学生、同事主动自愿捐款集资，在益小原址（中共岐山地下县委和中心县委秘密活动据点）、当时的益店西街初级中学校园，为之竖起德教碑亭，碑上镌刻着"一生革命兮，三度入狱；赤胆红星兮，百折不回；为人师表兮，授徒千名；桃李竞芳兮，永念教泽；报德成功兮，树兹丰碑"的碑文和原中共陕西省委书记、曾任中共西府工委书记的吕剑人"兴学桑梓，树人育才"等题词。

抗日烈士冯汉英

冯汉英（1894—1941年），岐山县青化镇西街人。幼读私塾，后入小学，勤于习文练武，崇尚英雄；高小毕业后即赴设在三原的渭北三民军官学校学习，期满后被分配到于右任组织的陕西靖国军胡景翼部，历任排长、连长等。后来在杨虎城部下任营长，辗转庐山、洛阳、西安等地接受军事训练，指挥才能日益长进，深受上司器重，渴望为国效力。

抗日战争爆发后，其在十七路军四十二师二四七团任中校副团长，随部东出潼关，参加阻击日本侵略军的徐水、石家庄、滹沱河诸战役，要求指战员宁可死在战场决不当亡国奴。在娘子关与三十八军赵寿山的十七师协同作战，率部参加雪花山战役。他身先士卒、机智勇敢、冲锋陷阵、屡立战功。一次，他带一个连深入敌前沿阵地察看地形，被日军包围，连长战死，他亲自指挥，率先拼杀冲出重围。他的勇敢精神为官兵敬重。

1938年春，升任九十八军一六九师二四七团团长，驻防山西太岳（包含中条山）阳城东西峪一带。九十八军当时划归第十八集团军朱德总司令指挥，朱总司令在中条山会战前进行具体战斗部署。华北日军一直企图进攻晋东南，进而进逼中原。

二四七团驻守阳城后，十八集团军薄一波、陈赓所属部队为之解决给养、被服并热情关怀和支持。在八路军的影响下，冯汉英整顿团纪，严明赏罚，禁嫖、禁赌、禁吸大烟，训练有素，斗志高涨，成为九十八军名牌常胜团。他视全团官兵为兄弟，人事与经济公开。无论游击战、攻守战，兵士都争先恐后，作战英勇，无坚不摧，国共合作，团结抗日。

1938年至1941年，在敌强我弱、物资匮乏、极其艰苦的条件下，他率领所部抛头颅、洒热血，以大无畏精神，不断以出其不意、攻其不备的战术，先后在山西与侵略者持续进行3年多的殊死拼搏，13次参与击退日军的攻击，打了晋南中条山、晋东南、白晋公路、汾河铁路沿线许多漂亮的阵地战，在河津伏击俘虏日军多人，缴获战马8匹，其他战利品无数；严厉整饬与弹压汉奸100多名，保障抗日部队粮食、衣物供给畅通无阻。在太岳战役中，率士兵在雨水泥泞中与日军浴血奋战，杀得日军横尸遍野，将之挡在黄河北岸毫无寸进，消耗其有生力量，守住了潼关、西安和洛阳的这块屏障。

1941年4月初，经彭德怀与卫立煌交涉，八路军太岳军区司令员陈赓经与国民第九十八军军长武士敏达成协议：太岳部队顺利进入太岳南部，组建起"太岳党政军联合委员会"，开展整顿社会秩序和加强军队纪律的教育活动，部队一律驻扎在庙宇寺院，不住民房，军民关系融洽，社会安静，生产发展，坚决反对日军的挑拨和政治诱降。冯汉英团积极备战、坚持斗争。

眼见利诱不能奏效，当月中旬日军集中约10万兵力于中条山，在300余架飞机和化学部队配合下清扫太岳山区，一度占领侯马、运城唐王山关帝庙等山头。在中条山会战中，只有守卫东北面的九十八军，用血肉之躯顶住了敌人强大火力的猛烈进攻，连日方也承认"九十八军对日军进行了顽强的抵抗"，使之受到沉重打击。

在武士敏军长和一六九师师长的命令下，作为一团团长的冯汉英，与另一个团一起，以营为单位，将轻重机关枪集中起来，分成8个火力突击组。每组10挺轻机枪、4挺重机枪，每个持步枪的士兵尽量多带手榴弹，一波又一波地集中向敌人的火力点发动攻击，致使敌火力点成为哑巴，敌阵地一片火海。冯汉英身先士卒，率1个连的兵力，共击毙敌人300余人，缴获轻重机枪12挺、步枪200支、防毒面具120余副，一举夺回唐王山、梁树腰。

在其他各部队均南渡黄河退守河南的情况下，九十八军腹背受敌，补给中断、孤军奋战、晓息夜攻，在沁河以东、白晋路以西一带建立抗战基地。武士敏与陈赓、薄一波在冀氏县桑曲口头议定：沁河以西太岳军区部队驻防，沁河以东九十八军驻防，双方互通情报，互给给养与药品，不搞摩擦，团结抗日。

9月22日，日军在11架飞机、10余门大炮和坦克的掩护下，调集3万多重兵分14路围攻太岳山区，狂轰滥炸，向仅有7000名兵力的九十八军合击。冯汉英随九十八军在八路军的配合下，在山西中条山机动作战，顽强抗敌，奋起反击。在东、西峪山地打退日军数次进攻。29日，军长和几个师长、团长相继阵亡后，冯汉英率团负责掩护部队突围，与日军誓死拼搏，从天明一直鏖战到下午3时，给敌军以沉重打击，使全军其他部队得以突破重围。而他所率之团官兵因弹尽粮绝，伤亡殆尽。作为上校的冯团长在与敌搏斗中不幸负伤被俘。

当天晚上，日军将他软禁在一间小屋内轮番劝降。其联队长、副队长等军官使尽各种手段，企图征服冯团长。时至黎明时分，铁骨铮铮的冯汉英乘敌疲惫之机，飞速跃起抽出敌人挂在腰间的佩刀，左搏右挡刺死日军联队队长、副队长，即被守护日兵疯狂射击，壮烈牺牲。他为挽救民族存亡英勇顽强、临危不惧、宁死不屈，与敌人血战到底的殉国壮举震惊日方军界，可歌可泣，在抗日战争史上写下光辉的一页，被誉为"中华铁骨、民族英雄"，鼓舞了军民抗日士气。

1941年，在西安兴善寺举行的抗日阵亡将士追悼会上，冯汉英被国民政府中央军事委员会委员长蒋中正追授为陆军少将，题赠"为国捐躯"大牌匾，颁发嘉奖令、抚恤证，规定每年发给抚恤金2900元（当时约折合29石小麦）；于右任亲书"尽忠成仁"哀思牌匾；国民政府察哈尔省主席冯钦哉题书"生壮死烈浩然正气若云长，子孝母贤尽忠保国如武穆"挽幛。地方政府每年进行慰问，烈士同僚、下属经常前往家中探望。

解放后，当地人民政府为冯汉英家赠挂"光荣烈属"牌匾，县乡政府每年开展慰问活动。"文革"中，他被贬称为"反动军官"，其家被抄，各种荣誉牌匾被毁，各类资料被烧，子女亦受牵连。

1986年12月，岐山县人民政府发文恢复冯汉英抗日爱国烈士名誉和待遇，重新赠挂"光荣烈属"牌匾，其妻享受烈属待遇到去世。岐山、宝鸡、陕西史志文化资料，均对其夺刀斩敌、血洒中条山的壮举进行专题记载；《宝鸡日报》《人生报》《陕西科技与农民》《各界导报》等报刊多次发表纪念文章，《陕西日报》刊登《故乡的骄傲、民族的自豪》对之予以怀念。作为全国无数抗日英雄中的百名代表之一，冯汉英的名字被镌刻在北京中国人民抗日战争纪念馆抗日英雄碑上！

2015年6月18日，冯汉英衣冠冢在地处蔡家坡的岐山烈士纪念园落成。由于当年中方阵亡将士多达2000余人，根本无法找到冯汉英遗体。烈士后人多年多次找寻均无功而返。岐山县在积极走访老军人、老住户、外地陵园，扎实普查岐山籍烈士安葬情况的基础上，经过多次与山西有关部门接洽，收集冯汉英将军的衣服等部分遗物，为之建起此衣冠冢！

抗日军人邵平章

邵平章（1895—1974年），山西省朔县人，家境贫寒，自小受到"天下兴亡，匹夫有责"思想的影响与熏陶，立志报效国家。

1911年，辛亥革命爆发，清政府被推翻，大大激励了邵平章的豪情壮志。1913年，邵平章离开家乡参军，在阎锡山部当兵，先后任陆军骑兵第一团二连班长、排长、连长。1923年，改任特务连长。1928年，调任陆军骑兵第二师一团二连连长，率部进驻察哈尔、多伦一带。中原大战结束后，邵平章被编入东北陆军第五十八军九团二连任连长。1932

年，邵平章被选派到黄埔军校首期高等教育班受训。1935年，在全国骑兵整编中，邵平章升任骑兵第三师九团中校副团长。

邵平章坚决反对内战，主张积极抗日，对蒋介石不抵抗政策极为不满。1937年，全面抗战爆发，邵平章多次率部投身前线，与日军殊死搏斗，奋勇杀敌。1937年9月至1938年底，邵平章奉命率部为一二〇师运送马匹、鞍具、皮鞭等物资，传授骑兵马术等作战经验，并带一个连作游击实战向导。邵平章与八路军指战员关系十分融洽，临别时还与宋时轮互换手枪以示友谊，还派技术人员为八路军传授爆破技术。在忻口会战期间，邵平章率部在朔县、大同等地配合贺龙一二〇师和宋时轮支队开展游击战，突袭日军，破敌交通，抢占雁门关，收复了宁武、阳市口、平鲁、井坪、河曲、偏关、利民、神池等地，有力地支援忻口会战，为平型关大捷设伏提供方便。1940年春，邵平章随骑兵二军旅部转移到安徽省太和县古城集一带安营扎寨，协同彭雪枫部抗日。双方互通情报，互相支援，紧密配合，挫败了日军对阜阳的进犯。1941年1月，在保卫界首北大门张大桥的战斗中，邵平章率领第二团官兵在城东南构筑工事，与一、八两团一起四面布网，英勇抗战，打得日军第三十五师和其骑兵四旅失魂落魄，致使具有数千兵力、数百辆兵车的日军机械化部队，载着200余具死尸败退河南商丘。1943年秋，邵平章率团移驻河南淮阳一带。日军扒开黄泛区一处水闸口，数十万群众生命财产危在旦夕。邵平章当机立断，率部一举击溃正在作恶的日军，组织数万百姓用树枝、沙土袋堵住闸口，消除水患，还派兵死守闸口，严防日军再度破坏，以安定人心。他还组织部队动员灾民生产自救，大面积种植冬小麦，第二年这一带黄泛区小麦获得前所未有的大丰收。当地老百姓喜不自胜，敲锣打鼓给邵平章部送去猪、羊肉等物品进行慰问。

1939年夏，邵平章奉命考察练兵地址，选中岐山县五丈原下的高店街，办公地点设在太伯庙内。在这里将从汉中招募的3000多名新兵，进行两期各半年多的训练。练兵时，邵平章以强烈的民族情感和满腔爱国热忱，结合亲身经历，向新兵揭露日本侵略者犯下的滔天罪恶，宣讲抗战英雄事迹，宣传"抗日救国，人人有责"的道理，鼓励新兵苦练杀敌本领，时刻准备奔赴抗战前线杀敌立功。他亲自组织新兵练习射击、刺杀、投弹、爆破，讲授动作要领，进行示范演试。经一年多的整训，鼓舞了士气，大大提高了新兵杀敌的本领。他还经常带兵在周围农村巡逻，进山剿匪，歼灭了长期流窜在五丈原一带的"四大天王""五大豪杰"等土匪团伙，维护地方秩序，锻炼新兵的实战能力。邵平章还一度在邻近秦岭的五丈原下安家，由其夫人亲自主厨，招待到此视察训练工作的骑兵二军长等。

抗战胜利后，蒋介石排除异己，积极准备发动全面内战。邵平章对此非常失望，毅然放弃30多年的军旅生涯，离开军队，举家定居于岐山县五丈原高店街。

新中国成立后，邵平章被以"曾当过国民党军官"的"罪名"宣布为"历史反革命"，受到3年管制。"文革"期间更是受到冲击。1989年5月18日，岐山县公安局发出文件平反了邵平章数十年的沉冤。时任中顾委常委宋时轮上将评价说："邵平章对抗日是坚定的，行动是积极的，为开展抗日斗争作出了贡献。"2010年6月23日，中共岐山县委第十五届第四十九次常委会决定将位于五丈原高店的邵平章纪念设施命名为县级爱国主义教育基地。

温病专家范宜斋

范宜斋（1896—1973年），又名范文彬，岐山县蔡家坡镇范家村人，擅长温病学，为岐山著名中医和市中医学校教师。

6岁丧父，幼时家境甚穷，13岁入私塾。天资聪慧、敏而好学，读书过目成诵、对答如流。读完《大学》《中庸》，已能独自圈点《诗经》《左传》。17岁时为生活所迫辍学。

祖辈三世业医，家学甚厚、医籍尚存。他感于乡村多灾多病，于是立志学医救人，发愤日耕夜读，学遍岐黄之道，于内、妇、儿科均有所得。20岁起在蔡家坡恒济堂坐堂诊病时，仍刻苦钻研。医资所得除养家外不置田产，全用于搜购医书，医术渐进。25岁进入当地隆义成诊所为人看病，临治屡能起沉疴、救急难，誉满乡里，名播西府，乡人无不感戴。他性格温善，深察劳动群众生活困苦、求医艰难。村人求治他概不收取诊费；受邀前往病人家中看病，他不论位之尊卑、家资贫富、路途远近，皆一心赴救。他还在行医初期将自制的五香丸、九转丹、普济丸、清和丸按病施舍，分文不取。他认为"业医者人品最为要紧。人品不正，诸般坏事做得出来"。得知门徒的污秽越轨行为时，立即与之断绝师徒关系。1947年，蔡家坡流行疫痢。他出资40大洋，施药500余服，救人甚众，乡人感激地称他为"范善人"。

解放后，他放弃收入优厚的个体诊所，捐资筹办联合诊所。1964年，调入宝鸡中医学校任教，担任温病与诊断等学科的教学及临床指导，注重理论与实践的统一，治学严谨。对古典医著造诣颇深，尤以温病论治见长，精通医理经史、四诊合参、旁征博引，临床经验丰厚，辨证施治切中要害，施方灵活多变、用药轻淡，每以轻剂愈重病，医名遐迩。

他从医50多年，医术精湛、医德高尚、医论颇丰。撰有《临床医稿》《验方汇编》《四经须知》《妇科平常录》《小儿普通方》《温病纪要》、药性总义与歌诀、《运气学》《名医理论》《癫狂证治库》《噎膈选粹》等。晚年，他增删修订汇编《临诊便览》，创制"五叶三花汤"等方剂，常可药到病除，鲜有不效者。曾被选为岐山县人大代表、县人民委员会委员，宝鸡市人大代表，又任县政协与科协委员等，并受聘为陕西中医研究所特约研究员。

1973年，他因突患中风，医治无效而殁。

革命先驱任耕三

任耕三（1897—1943年），祖籍陕西省西安市临潼县（今临潼区），大革命时期共产党员，抗日英雄，人民功臣。

任耕三幼年因家境贫寒辍学一度在商店当过徒工。1914年，考入省立单级师范。1916年，转入三原省立甲种工业学校，与革命志士许权中、王泰吉交谊深厚。1918年，毕业后参加陕西靖国军，先后任班长和初级军官。1920年冬，被保送到广东韶关讲武堂学习军事，翌年毕业回陕，任排长。

1925年春，任耕三在国民二军二师任连长，赴北京聆听中共北方区委负责人李大钊教诲。不久毅然加入中国共产党，走上革命道路，成为中共在国民军中的先锋战士。

1926年初，任耕三率部与军阀作战，连获胜利。获嘉一战，歼灭吴佩孚支持建立的土匪武装两个师，处决匪师长。4月，国民二军遭受直奉军阀攻击失利，退至河北磁县。在代理旅长，暗中接受吴佩孚部改编、密谋进攻国民军时，任耕三根据中共北方区委和国民军总部的决定，率部在门头沟抢先宣布起义，击毙代理旅长的亲信，沉着应战，在妙峰山协助他人率一营兵力与吴佩孚兵将激战三昼夜，歼敌千余人。

1927年夏，任耕三升任团长，吸收史可轩、许权中以及政治保卫队队员、西安中山军事学校部分师生和在地方上站不住脚的共产党员、共青团员入伍，壮大力量、改善成分、整顿组织、加强训练，自修自造武器，同陕东赤卫队和农民协会相互配合，协助恢复地方党组织，开展反霸斗争，摧毁地方反动政权，建立苏维埃政权，粉碎敌人的多次进攻，形成渭华原上红色政权割据局面。1928年8月，参加渭华起义失败后，随部辗转河南邓县。部队被地方封建势力利用红枪会围击失散后，他应邓宝珊、杨晓初（共产党员）之邀，到许昌随樊钟秀（醒民）部（孙中山亲赐建国豫军），继续进行反对蒋介石的斗争。军事失利两度失散回陕，先后任陕西盐务督销局缉私队长、商洛五属绥靖司令部警卫营长等。

1932年，任耕三先后任杨虎城部独立旅特务营营长、一团三营营长，驻防岐山、凤翔一带。他治军严明，为人公正廉洁，爱国主义思想很强，买卖公平，时常处罚残害百姓的违纪者，所部极少骚扰百姓之事。

1933年，任耕三说通杨虎城为在察绥抗日的冯玉祥十八师补充大批人员和武器。他与所部的共产党员关系密切，积极协助工作，带头在营部和连队驻地周围墙壁上书写抗日标语，经常以"知耻近乎勇""明耻教战""雪耻救国、军人天职"为主题教育干部、战士，严格训练。在此期间，他与岐山县大营姑娘成婚，在县城购置街房定居，从此岐山便成为任耕三的第二故乡。

1936年西安事变发生后，任耕三任杨虎城警备一旅二团团长，率部随军驻防宝鸡，与占据凤县的蒋军十三师对阵。接着他率部开赴商县争取古鼎新抗日力量，使之免予被消灭。

1938年5月，任耕三率部接守黄河西岸河防，加强与兄弟部队的联系，主持抗日宣传大会，加强军民团结，偕同中共党员和延安抗大学生，深入连队和附近农村开展抗日宣传活动，坚定军民抗战信心，义无反顾、勇往直前地带领部队英勇作战，军纪严明，士气高昂，连续击退日军多次进攻，阻止了日军西进。

1939年5月，任耕三被蒋介石、胡宗南以"西安事变中间分子和延安有关系"的罪名免职，并布置特务伺机暗杀。三十八军军长赵寿山得知任耕三被解职后，即请到所部欲委以副团长职务加以保护。而他则向赵请任了三十八军千、陇屯垦区主任职务，以搞生产为名，与许权中及警卫员刘兴坤（中共地下党员）一起组织两个连的革命武装，准备在眉县、千阳县一带建立抗日革命根据地。

1943年12月初，他们到陇县、千阳一带勘察垦区地形。9日返回途中被胡宗南指使埋伏在眉县东槐芽教坊之窑店的二三十名暴徒枪杀，时年仅46岁。

1949年12月9日，陕西省军区和中共西安市委联合举行任耕三等烈士遇难6周年追悼大会。西北军区敬送"革命先驱，人民功臣"挽幛，表达党和人民对他的深切怀念。

国民联军旅长韩清芳

韩清芳（1899—1946年），天津市人，1912年定居岐山，开明绅士，入伍曾任国民联军少将旅长，保境安民。

韩清芳父亲，清末在天津被治为放逐罪发配西北，他随父行走到岐地时辛亥革命成功，便在岐山县蔡家坡置家立业（后来迁居县城西南之三官殿），经营小商加务农。民国元年（1912年），韩清芳就读于岐山高等小学堂，毕业后弃文就武，在靖国军第一路军郭坚部随麻振武活动，历任排、连、营长等，曾东行潼关、朝邑（1958年并入大荔县）一带。因看不惯扰害民众的行迹，民国十四年（1925年），转投杨虎城部队，初任营长，继任第十团团长。率部配合杨虎城由大荔羌白一带追击西逃之北洋军阀吴新田部，于当年7月23日（农历六月初三）进驻岐山县城，积极扩充势力。

当时县城被战火洗劫破坏得残败凄凉。他与地方人士协商成立官产局，拆除县域旧庙、戏楼，采伐树木，将之一并运到城内补盖街房30余间，并刷新街面，整修市容，题写巷名（如将北大街题为"天柱巷"，南大街题为"三民巷"，西巷街题为"清巷"，东大街翻修后题名"中山街"），设立公益盐局，购进食盐，批发零售，方便民众食用，创印纸币，流通岐山市场。通过这些措施，逐步改善县城凋零破败之状，各业呈现恢复之象，受到民众赞赏。

翌年，韩部被扩编为国民联军第二军第三路第二混成旅，11月底改称国民革命军第二集团军第三军第三师。韩升任少将旅长，率部在岐山县碛雍原杨柳村至高庙一带，全力配合杨虎城部阻击北洋军阀吴新田部，交战六七天。他身临前线，勇敢顽强、生死不惧、甚有武略，击退吴军名声大震。散兵游勇及乡里子弟争相加入韩部吃粮（当兵）。韩便设官封职，征集粮款招兵买马，扩充实力。

1927年，韩旅所部一度占有岐山、眉县、麟游、长武等4县，辖5个团9个营，还设有军需、副官、文官、政治、军医5个处。配有骑兵、手枪、炮兵、辎重等连队，人数将近3000名，并委派眉县、凤县等县县长。

冯玉祥的国民军大部离陕参与北伐后，曾有许多大小军阀为扩张势力，引诱、召唤、威胁、拉拢韩清芳。韩终无所动。

民国十七年四月十八（1928年6月5日），拥兵割据凤翔的民国盗宝枭雄党玉琨（其早年在西安与清军刘世龙部遭遇时脚部受伤，因而走路时一只腿跛，故被称为"党拐子"），以一旅左右兵力偷袭岐山县城，焚烧西闸门，准备架梯登上城墙。危急时刻，韩清芳一方面急调驻在益店、蔡家坡、高店、眉县等地的部下赴援，一方面组织县城内人员勇猛迎战。韩亲自带兵巡城防守，并带动兵士、商民用麻袋装沙堵死县城西闸门，全力抵挡党玉琨部队进攻，坚守城池。在驻外救援部队返回县城向党部进攻时，韩清芳组织城内部队追出城外。里外夹击将敌人赶向县城西侧之六河、七里原、堰河、郭村一带。

接着，党军又网罗更多兵力从南、西、北三面包围岐山县城半个多月。时值夏收，百姓焦灼，韩率部数次出城退敌，收复孟家堡等部分村落。在国民第三军援助下终于打退党玉琨部，并率所属各部投入冯玉祥所属宋哲元部，到凤翔城东北沙坳堡，参与围攻党毓琨的战斗。城破党部被全歼。

韩清芳正直爽朗，常常督查整饬军纪，驻地比较安静，农商各业百姓能够正常从事生产经营。冯玉祥派人检阅韩部后，对良好的军纪予以赞扬。韩清芳成立官产局、公益盐局，创印纸币，举办各项学生竞赛会。他喜欢热闹的游艺杂耍、锣鼓、烟花、社火，并与他人集资合股重组秦腔凤鸣班社，出资与人搭本会戏。他积极主张革除陈规陋习和时弊，提倡妇女放足、男人剪辫子等。

韩倾向民主、追求进步，拥护孙中山"联俄、联共、扶助农工"三大政策、同情革命。1927年2月，国民党岐山县党部成立，他担任执行委员。接着，中共岐山特支举行悼念李大钊等"4·28"死难烈士大会，他在会上严词谴责屠杀仁人志士的罪魁祸首。翌年，中共岐山组织负责人李琦、曹永丰、雷星阶、侯百里等人因共产党嫌疑被捕后，他具保甚至赴西安为之开脱，说岐山没有共产党，他们的共产党嫌疑查无实据，显然属于诬告。使之不久便被释放。里绅欲暗害中共地下党员周肇岐。被韩得知立即予以制止，周遂幸免于难。韩还热心教育文化事业，举荐雷星阶出任国共合作时期的县教育局长。

参与围剿盘踞凤翔党玉琨部获胜不久，韩清芳根据国民党省政府主席宋哲元命令，缴械遣散所部，退出军界，先后出任陕西省林业局长、天津警察局第六分局长、国民党陕西省政府参议等（曹永丰、雷星阶、侯百里等人，被以共产党嫌疑押解西安军事审判处审讯期间，韩清芳与岐山有关人士分别参与周旋，上述人员于1929年1月均被保释出狱）。1937年离职居岐直至去世。他在岐山县城专营商业，开设盐、酒店与药铺等，并在三官殿置立农村家业，与市井平民融洽相处。由于不满国民党政府专制独裁，于1946年7月31日（民国三十五年七月初四）忧愤致疾而逝，终年47岁。

民主人士王维之

王维之（1900—1970年），又名惟之，笔名权中、少亭，岐山县太慈村人。祖籍陕西省蓝田县泄湖镇，清咸丰、同治年间，其先祖迁居岐山县。

维之少时聪明伶俐，刚到学龄，家人就为之延师就读。入县立高等小学后，他刻苦好学，常受先生嘉奖。1919年春，高小毕业考入陕西省立第二中学。在发愤苦读的同时，他常参加各种社会活动，因品学兼优和具有爱国民主进步思想，当选校学生联合会成员，参加全省学生联合会，组织领导学生集会，抗议美国等国召开的阴谋瓜分中国的"太平洋会议"。1921年，中学毕业后，在同学资助下东渡日本，自费考入东京明治大学政经系学习，潜心研读不辍、克勤克俭，担任中华留日学生社会科学研究总会领导成员和主席团成员，参与组织推动1300多人在东京的中国留学生反对日本帝国主义出兵我国山东。他在东京神田区中华留日基督教青年会大礼堂会议主席台上致开幕词后，被预伏的两名日本刑事警察强行解走关押，6次被讯问，他坚持正义、据理争辩。在神田区留日学生总会具保下获释。其间，与赴日考察的杨虎城相识。1928年夏毕业回国，应邀担任《北新》半月刊和《泰东》月刊特约撰稿人，以笔名撰写稿件，编写出版《苏联教育概论》，翻译《论日本各政党研究》等著作，活跃于上海文化界。

1929年春离沪赴鲁，任杨虎城新编十四师政治处副处长兼组织科长、《鲁光日报》及其通讯社长等。9月随部进驻河南，担任南阳税务局长兼清查队长，整理税收、充裕饷源，多方减轻民众额外负担，取消除禁烟、契税、烟叶税外的大半苛捐杂税。用契税款支付开办南阳高中。1930年5月，他着力筹措、精心安排，协助杨虎城准备打回关中。11月，杨率部乘势入陕，委任王维之为十七路军总部参谋、陕西善后清查处副处长兼长（安）蓝（田）善后清查分处处长等，继续开通饷源、筹措经费。

1932年2月至1937年5月，他任十七路军军需处长兼西安绥靖公署军需处长。在杨虎城领导和影响下，他促进联合抗日，开展许多对国家民族和革命有益的工作。1936年春，根据杨虎城安排，他在绥署军需处利用深夜，秘密加班突击印刷宣传抗日、联共、抨击蒋介石"安内攘外"反动政策的《活路》，挑选可靠工人亲自监督印刷，印好后转送给张学良东北军和杨虎城十七路军，对联合抗日起到重大的宣传推动作用。他还严查关押混在印刷工人中的特务密探。张学良高级幕僚、在西安做统战工作的共产党员高崇民因编写《活路》被西安的蒋系特务通缉后，于10月至12月11日，潜居在西安西仓门城隍庙76号王维之宅第的最后一个院子，经常与张、杨两将军等人秘商逼蒋联共抗日、整顿东北军及国内外形势等事项。王维之总是亲自为之放哨观察动静。高在王家还修改东北军中的抗日同志会秘密组织章程等。《活路》在东北军、西北军中秘密传播，对反对内战联合抗日策动西安事变起到重大作用。

1936年12月8日晚，张、杨在西安净谏蒋介石失败后一同到达王维之家中，与高崇民研究对付蒋介石的办法，王维之亲自为之站岗警戒到深夜。在此前后，王维之还探清西安的面粉储蓄和粮食准备情况。

1937年5月，杨虎城被迫赴欧美考察。王维之奉命前往上海为之进行准备，晚间常与杨等知己彻夜长谈陕西军政事务。不久他辞去军职担任国民党陕西省政府参议。11月27日，前往香港接杨回国，提醒其注意特务跟踪，并护送杨虎城家眷回到西安。杨被蒋介石和戴笠骗到南昌，身陷囹圄后，王感慨不已。

1938年春，王维之任孙蔚如第四集团军总司令部参议，翻译缴获的《日本陆军最新典范令》（又称《步兵操典》）上、下两册，在山西中条山参与抗战。同年秋，他又担任该集团军驻重庆办事处处长，利用职务营救和资助在该军做地下工作的共产党员胡振家、季子于等人，资助高崇民在重庆主办"东北抗日救亡会"刊物《反攻》。1941年2月，回到西安。

1944年秋，他当选第四届国民参政员，次年加入国民党。他作为岐山县选出的国大代表，于1948年4月参加国民党在南京召开的"行宪国大"。同年，他将自己上海南昌路美乐坊26号房屋提供给中共地下工作人员居住。胡振家在此以为孙蔚如做生意的招牌，收集国民党在上海驻军的设防和长江航队等很多重要军事情报。

1950年2月7日，杨虎城灵柩安葬后第三日，王维之即向中共西安市第六区党政负责人和公安局长分别交代自己的历史情况。1952年2月3日，被拘审后逮捕，1954年6月，被以"反革命"罪判处有期徒刑13年，剥夺政治权利5年，没收财产。1956年6月30日，被从重改判为无期徒刑。次年10月26日，又从轻改判为有期徒刑8年，其余维持原判。1960年2月，刑满释放后，其在街道居委会监督下接受劳动改造。1964年，撰写12万多字的《西安事变前后》，《陕西文史资料》选登部分章节，并转送全国政协。1966年"文革"开始后，被以"反革命分子"遣送回岐山农村老家，参加为生产队拾粪积肥等活动，接受劳动改造，稍有懈息即遭批判斗争。1970年病逝，终年70岁。

中共十一届三中全会后，经过大量内查外调，确认王维之在西安事变前后为革命做过许多有益工作。1984年4月27日，撤销原判对王的定罪处刑，不以"反革命"看待，陕西省高级法院为其彻底平反。1986年9月19日，撤销原审刑事改判书中的没收财产部分，发还没收的财产。

岐山地下游击队领导人刘岐周

刘岐周（1903—1968年），曾用名刘鼎，岐山县故郡镇刘家村人，中共岐山地下游击队重要领导人之一。

小时上过私塾。1928年，当过店员，后辗转于西北民军和麟游县保卫团当兵。1931年前后回家务农。在后来担任甲长时，因联合群众告发保长贪污之事，被逼迫离家只身逃上北山涝川。后联络逃避国民党壮丁的张景堂、刘兆汉、孟世炎、唐思秀等8人，组建所谓非法的民兵武装，携带长短枪，劫富济贫，行踪漂流不定，经常出没于西方涝川前岭等山区一带。多次被国民党县乡保武装包围。但都巧妙地化险为夷，而跟随他的外甥等人则被国民党地方官府枪杀。

1944年至1946年，刘岐周多次组织武装力量向中国共产党控制的陕甘宁边区驿马关、孟巴寺等地贩运物资，每次十七八人至200人不等，共向边区运送棉花6000多斤、棉布900多匹、电话机15部、手枪98支、步枪300多支、电话线和铝丝2900多公斤、干电池10多驮、黄金数千两和医疗器材等。在与边区人员的频繁接触中，特别是1946年冬与西府武工队蒲光等人的多次交谈，使他深受影响和启迪。

1947年3月，经蒲光、亢少平介绍加入中国共产党，随即成立刘岐周游击队，他任队长，率队主要活动在岐山、凤翔两县交界的北山一带，鼓动群众抗粮抗款。11月，他按照西府工委指示，佯受国民党岐山县政府收编，取得县保警队独立分队名义，驻防涝川，开展"合法斗争"。他以保警队分队长身份，大力支持和掩护西府武工队在这一带发动群众，发展党员和队员，公开召开群众大会，宣传革命思想，惩罪除害，筹集经费，引导群众接受教育训练，壮大革命武装力量。

1948年3月，刘岐周游击队已发展到50多人，步枪30多支、短枪

17把、机枪2挺。4月，他率领游击队积极配合中国人民解放军，参与西府出击，攻占岐山县城，收编国民党残部和保警队员20余人及怀邠乡分队20余人，缴获长短枪40余支，弹药六七箱。随后，在益店中张庄被编为游击大队，他担任大队长，人员扩大到150多人。他率部转战在凤翔、乾县、陇县、宝鸡等地，宣传发动群众伺机打击国民党军队。11月，他率全大队游击队员进边区学习整顿时，在永寿高庙山遭到国民党二〇三师一个团包围袭击。在受到重大损失的情况下，刘岐周奋勇阻击敌人，并于第二天下午在南泥沟东原上将突围人员124人集结一起，他带领游击队员在前开道，继续北上时，又遇到乾县、旬邑、礼泉、永寿等县保警队和国民党暂编第二旅一个营阻拦。他沉着应战，退敌开路进入边区。在边区，他参加了泾河北岸旬邑、淳化一带的多次战斗，英勇机智顽强，负伤不下火线，多次受到表扬。

1949年4月，他奉命带领20多名游击队员从边区回到岐山开展武装斗争，扩大力量。队员很快发展到120多人，成立游击大队，刘岐周任大队长，带领全大队人员参加扶眉战役和解放关中的多次战斗。7月，率队随中国人民解放军第一野战军进驻陇县，被编为陇县县大队，刘岐周任大队长。

解放后，刘先后任陇县武装科科长、岐山县武装部部长、岐山县第八区区长、留坝县医院副院长等，为党、为人民持续做了许多工作。1968年，因病在留坝县医院去世。

中共岐山党组织创始人李琦、曹永丰

李琦（1904—1968年），字伟哉，又名璘夫，岐山县枣林镇仝寨村人，生于富裕的书香门第。曹永丰（1907—1967年），曾用名曹有武，岐山县蒲村镇公子庄曹西村人，长于小康之家。他俩为岐山县最早的共产党员和中共岐山组织的创始人。

1923年8月，他俩均考入三原省立第三师范，同班学习。1925年开始，受魏野畴、李子健等共产党员教师的启发教育，传阅《共进》《血泪》《渭北青年》《三原学生》《新青年》《向导》《国家与革命》《共产党宣言》《马克思主义浅说》《俄国十月革命》《列宁的少年时代》《少年国际》《社会科学概论》等报刊书籍；听取进步教师讲授的"帝国主义侵略中国史""不平等条约""最近国际、中国、陕西之时局""今日之学校"及国共合作、社会主义与马列主义基础知识等课程。不久，两人先后加入进步团体——渭北青年社。

1923年春夏，他俩先后经同学王之鼎和赵宗润介绍加入中国共产主义青年团，参加学生讲演活动，宣传革命主张；与同学在三原县城西关及鲁桥镇散发传单，宣讲帝国主义侵略中国历史和农会组织法，分析农民贫困原因，揭露封建剥削的根源，启发农民觉悟，鼓动农民维护自身权益；组织平民夜校，筹建农民协会，发展共青团员。

1926年3月，李琦担任三原三师团支部书记，曹永丰也曾一度代理书记。他们带领师生到渭北中学参加"3·18"巴黎公社纪念大会，组建驱逐顽固守旧校长的大同盟，并取得了胜利。不久，他俩同时转为中国共产党党员，成为岐山县最早加入共产党组织的革命青年。当时，北洋军阀余肇刘镇华委派麻振武部包围三原县城，学校被迫停课。于是他俩与同学、共青团员张云锦等人，根据党的指示，回到岐山开展革命活动。取得县职业学校校长雷星阶的支持，食宿在该校设在县城收柴秤捐（柴草交易过秤手续费。县府决定县城四门此费由职校派人收取，作为学校经费）的脚柜处，7月组建以李琦为组长的中共岐山小组（为西府地区最早的中共组织），写文章、刻蜡版、印制宣传品，宣传马列主义；向职校、县城高小师生介绍借阅革命书刊；办壁报，组织演讲会，成立学生会，开展文化体育活动，作义务教员，讲授《社会发展史》

《国民革命》等课程；培养积极分子，发展青年团员。他俩编印的《中国怎样才能富强起来》《种田人儿真辛苦》等宣传材料在师生中广为传播。9月，他们又经雷星阶等人的帮助，争取到岐山县天足会义务宣传员名义，沿岐山北山一带走乡串户，召集群众会，散发宣传品，采取喜闻乐见的说快板、念歌谣等形式，宣传反帝、反封建思想，讲述缠脚的起源与危害和放脚（天足）的好处，号召妇女争取健康的身体和独立的人格；调查农民经济负担状况，揭露贪官勾结土豪劣绅、封建军阀剥削压迫人民的罪恶事实，提高农民的思想觉悟。10月，他们在县城西南角南溪沟东岸关帝庙开会，在党小组的基础上建立西府地区第一个中共支部——岐山党团支部。李琦任书记，曹永丰管组织，并将团员编入党支部一起过组织生活。不久，他俩介绍雷星阶等人加入中国共产党。使党团员队伍得到较快发展。

1927年2月，根据中共陕甘区委关于发展壮大党的队伍和帮助组建国民党地方组织的指示，他俩与雷星阶等人在县城开会，均跨党加入国民党，建立中共岐山特别支部干事会和国民党岐山县党部，李琦任中共特支书记，曹永丰负责特支组织工作；雷星阶任国民党县党部主任委员，他俩均为执行委员。随后，他们积极宣传党的主张，开展国民革命工作；选派张云锦、侯百里、祁俊德、雷宏声、王文治等人到西安中山学院学习组党、军事政治和农民运动知识；团结进步力量，使韩清芳、王鸿骞、侯方伯、马干城等岐山地方军政人物逐步站在了同情和赞助革命一边，在岐山建立了由共产党领导、以国共合作为主的统一战线。4月，他们以中共岐山特支和国民党县党部的名义通过国民联军驻陕总司令于右任和教育厅厅长杨明轩，驱逐了盘踞在岐山教育界的封建遗老遗少。共产党员雷星阶、何士元分别担任了县教育局长和督学；李琦担任职校校长，张云锦为训育主任；曹永丰任第一高小校长兼校中共支部书记，共产党员雷宏声等进步人士为教员。使岐山教育行政大权基本掌握在共产党员手中。他俩积极组织师生参加中共岐山特支以国民党县党部名义举办的"5·1"（国际劳动节）、"5·4"（五四运动纪念日）、"5·5"（马克思诞辰日）、"5·9"（国耻纪念日）和悼念李大钊等"4·28"死难烈士纪念大会，宣传革命思想，愤怒声讨奉系军阀张作霖勾结帝国主义屠杀革命人士、蒋介石叛变革命屠杀共产党人和革命群众的滔天罪行。他们挑选进步高小毕业生参加县教师训练班学习，做革命骨干，壮大革命队伍；策划全县农民运动，斗争土豪劣绅，减租减息，兴修水利，创办农民夜校和初等小学等，扩大了党在民众中的影响；选派张云锦等人组建了有200多名会员、百余名农民自卫武装的落星湾区农民协会（这是西府地区最早的农民协会）。7月，中共岐山组织改建为区委。李琦任区委书记，曹永丰管组织。他们与区委其他领导人一起，建立健全区委所辖的5个党支部，李琦调任单级师范学校校长兼支部书记后，轮训、调训全县初小教师和进步青年，培养革命骨干，发展党团员。当月底，全县共有党员15人。10月，根据新成立的中共岐山县委的指示，他俩到麟游高级小学，协助组建麟游第一个中共支部，扩大了党组织的活动范围。

1928年3月，中共岐山县委和岐山区委领导成员在刘家原单级师范学校召开联席会议。他俩向与会的岐山籍党员指出，在白色恐怖笼罩的情况下，公开举行各界群众纪念大会，会招致不良后果，但未被采纳。3月18日，他俩服从组织决定，根据事先安排，带领单级师范和第一高小全体师生与职校师生、驻岐兵士、工商店员、士民及落星湾农协会员一起上街散发传单，张贴标语、游行示威、高呼口号，参加在县城北操场举行的纪念大会。李琦与雷星阶等人在大会上讲了话，抨击时弊，宣传革命。

这次大会之后，县府和驻军态度大变，由支持同情革命转为限制和敌视革命。尤其是大小绅士惊慌失措，有些急忙收集纪念大会所散发的传单和贴出的标语，向省政府主席宋哲元告状，说共产党在岐山搞赤化。宋哲元当即命令逮捕共产党员李琦、曹永丰、雷星阶及一些进步人士。因韩清芳本人倾向革命，且与雷星阶等个人关系较好，以"查无实据"向省政府报告具保，使上述被捕人员在被关押30多天后得到释放。出狱后李琦根据省委指示在大荔、澄城、朝邑、耀县一带做地下兵运工作。曹永丰继续担任县第一高小校长和中共支部书记并受中共陕西地下省委书记潘自力指示暂代中共岐山区委书记职务，秘密开展地下革命活动。

1928年8月，宋哲元率军打败驻守凤翔的党玉琨部队，返途路经岐山时，岐山劣绅李正等人拿着"3·18"纪念大会散发的传单再次告状。宋下令再次逮捕曹永丰、雷星阶、侯百里等人押解到西安军事裁判处。多次被老虎凳、压杠子、鞭打、灌辣椒水等残酷刑罚摧残得死去活来，但他们始终坚贞不屈、视死如归，从未暴露组织和同志。并且在狱中商讨由曹永丰执笔书写诉状，揭露劣绅拟名协隙对他们的诬告陷害。在与宋哲元有亲戚关系的韩清芳及岐山当地有关人士接连递状具保下，他们于腊月二十九（1929年2月8日）获释。

曹永丰因被多次强行灌入大量辣椒水折磨而患上了严重肺病。出狱后，根据省委特派员周德修传达的指示，他俩从1930年2月开始，以西北民军杨万青部参谋身份，在岐山、扶风、麟游等地开展兵运工作，接应和支持中共地下党员周肇岐、何士元策动的闻名西府的鹦鸽嘴民团和凤县保卫团两次兵变，发动贫苦农民打土豪、分粮食，救济饥民，进行革命武装斗争。这些革命活动虽然受挫，创建千山革命根据地的计划未能实现，但在白色恐怖严重、党所领导的革命处于低潮的形势下，却给了西府地区的反动势力以有力打击，鼓舞了广大人民群众的革命斗志，扩大了党的影响，锻炼了干部，为党的地方组织积累了武装斗争的宝贵经验教训。

1933年7月，因省委遭到敌人破坏，他俩与党组织的联系中断，失掉了党的关系。但他们俩仍然心向着党，为人民做了许多有益的工作。

李琦1944年以国民党岐山县龙尾乡乡长身份掩护地下党的活动，派人暗地通知张伯华等几名地下共产党员紧急隐蔽，避免了国民党岐山县长刘永德缉捕的灾祸，并赞助益丰剧社的群众秦腔社会文化活动，参与控告刘永德等；1949年5月，他协同民主人士高一平、邓天章，积极配合党组织策动国民党岐山县自卫团副团长王志德和安乐乡长蔡永春起义，收缴了企图南逃的国民党岐山县政府及警察局人员的武器、弹药，送交人民解放军和县人民政府。

解放后，曹永丰积极参与接管组建省水利厅，先后担任陕西省黑惠管理局总务科长、省水利厅秘书、办公室主任等。但在"左"的错误时期，曾被戴上"叛徒""历史反革命"等帽子多次受到审查与甄别，及至"文革"动乱中受冲击迫害，子女也不同程度受到牵连和影响。1967年5月15日，终因肺病后期恶化在西安去世。李琦于1950年8月当选为岐山县各界人民代表会议特邀代表。1951年，加入中国民主同盟；10月，进入西北人民革命大学学习，结业后于1953年9月起先后任县政府建设科科员、城关粮站副主任。1963年，因年老退职回家。"文化大革命"中横遭批斗折磨，身体受到摧残。1968年11月，被迫害蒙冤自缢去世。1980年，中共岐山县委统战部为李琦平反昭雪，恢复了名誉。

岐山地下游击队创立者冯兴汉

冯兴汉（1905—1968年），曾用名左臣、银学。岐山县京当镇上冯村人，岐山县地下游击队重要领导人之一。

冯兴汉幼时家贫，曾以讨饭、拉长工度日。为人朴实、憨厚。1929年，参加国民党地方部队。1943年6月，他结伙组织武装向中国共产党控制的陕甘宁边区贩运棉花、药品、子弹等。被国民党岐山县政府严令缉捕。迫不得已，他便在家乡北边的山区和沿山一带武装逃荒，维持生计。

1946年初，岐地盗贼肆虐。岐阳乡绅保举冯兴汉担任该乡第九保警备班班长。在此期间，他先后与边区派来的陈世业、刘章天、赵杰和中共扶风地下县委书记孙宪武等人频繁接触，受到教育启发。随即动员该警备班6人带8支长短枪举行兵变。6月15日，成立冯兴汉游击队，宣布接受中共地下党直接领导。同时，经刘章天、孙宪武介绍，冯兴汉加入中国共产党。冯带领所部活跃在岐、扶两县北山一带。根据中共岐山县工委和西府工委指示，建立并逐步扩大武装根据地，发动民众抗粮、抗款、抗丁，游击队员扩大到50多人，并经中共岐山地下组织联系、协调，从国民党宝鸡军火仓库搞到了3挺勃朗宁机枪。

1947年5月，冯兴汉游击队与扶风魏文德游击队紧密配合，粉碎了国民党10县保安团对岐、扶等县中共地下党领导的游击队的大清剿，识别国民党当局的收编阴谋，逮捕潜入游击队内的特务，北上进入边区。在陕甘宁边区，配合西北野战军南线指挥部，攻克彬县高龙镇，全歼国民党彬县自卫大队的4个中队。经过整训后，冯兴汉游击队于8月被西总司令部编入西纵第四支队第一大队，冯任大队长。10月，西总司令部组织攻打国民党军队盘踞的淳化西官庄。冯带领第一大队担任警戒和通讯联络任务。敌人拼命顽抗时，冯大队长身先士卒，带队强攻。

1948年，冯兴汉带队从边区回到岐山，所部被编为游击大队，他担任大队长。西府战役期间，他带领游击队打开设在法门寺和范家营的国民党粮仓，开仓放粮；收缴国民党岐阳乡公所的武器、弹药。4月20日，他带队攻打扶风县大地主权文治盘踞的权家城，开仓放粮10多万斤，给群众发放油菜籽10多万斤，农具、衣物数百件。"白天不见面，夜里到处见；打土豪除内奸，冯善人老百姓很喜欢"的顺口溜，一时传遍岐、扶两县。

西府战役结束后，他带领队员掩埋阵亡战士尸体，保护受伤人员和随队地方干部，先后接收伤病人员30余人（其中有西野警三旅五团参谋长强全义等人），伤愈后全部送往边区。

1948年10月23日，岐山、麟游、扶风三县地下党组织143名地下党员、民主人士、进步青年和游击队员赴边区学习培训。冯兴汉等人负责军事指挥。25日夜，行进到永寿县芦家嘴时，遭到胡宗南部队突然袭击。经过奋战，只有50多人突出重围。冯兴汉在西观山下的大堡子村对突出重围所部进行整训，总结护送工作的经验教训，活埋搜集游击队情报的陈顺绪，击毙土匪乔生金、霍德方及国民党保警队中队长凤栖桐，并以岐山县人民解放委员会名义向国民党县乡保党政军人员发送劝告信，充分发动群众。此后，游击区的群众便很少给国民党交粮款、出壮丁，游击区的民主人士、乡保人员多与游击队保持有统战关系。游击队员晚上活动，常住在一些乡、保长的炮楼内。国民党当局重金悬赏捕拿冯兴汉，并多次查抄冯家，但他毫不畏惧，革命意志弥坚。

1949年2月，他带领游击队捣毁国民党岐阳乡公所，击毙其乡长等劣绅，缴获长短枪45支、机枪与冲锋枪共4挺，子弹和手榴弹30多枚等。经教育感化，该乡警备班30多人参加了游击队。边区报纸刊登了这则消息。同时，再打权家城，击毙权文治之子权世录，缴获银圆等资财。5月中旬，他带领游击队配合中国人民解放军第一野战军转战关中西部，队员发展到132人。

岐山解放后，冯兴汉游击队被编为县大队，他任大队长。10月，他又随一野解放凤县，此后，他先后任凤县游击队大队长、武装部长、供销社主任、新华书店经理等。"文化大革命"中遭受迫害，于1968年不幸去世。

中共岐山党组织早期领导人周肇岐

周肇岐（1906—1985年），字伯峰，化名赵益（岳或一）山（三）、赵其、李中岐、村夫等，岐山县益店镇周家庄人，中共岐山党组织早期领导人之一。

周肇岐4岁起被父亲送到曾是秀才的大舅身旁，接受启蒙教育，日与启蒙教材为伴，将《三字经》《百家姓》《弟子规》《七言杂字》等背得朗朗上口。1923年，考入本县岐阳公立高等小学。《卖炭翁》《石壕吏》等课文，使他初谙世间酸甜苦辣，对勤劳善良而生活凄惨的劳动人民产生了同情心，愤恨游手好闲、花天酒地，常给一些穷苦家庭的同学接济衣食，作文中曾流露出当英雄豪杰的想法。高小毕业后，他考入岐山县周公庙职业学校。1926年下半年在该校加入共青团。次年转入刘家原单师学习。通过经常与担任校长及教师的共产党员接触，阅读《向导》《中国青年》《农民运动》及进步文学类书报刊，受到新思想、新文化、新观念的启迪，在努力学习文化科学知识的同时，开始关注学生爱国运动、工人罢工斗争和澎湃等人领导的农民运动，积极参加各种学生进步活动，创办壁报、讲演、议论国事、抨击时弊。1927年加入中国共产党，担任学生会负责人、单师半日制民众学校业务教员和中共岐山县委、区委交通员，往来于岐山、凤翔、虢镇、眉县、乾县等周围诸县之间，穿梭于敌人眼皮所见之下，屡逢险境，但他机智勇敢、想方设法一次次化险为夷，出色地完成了党的宣传教育联络工作任务。"周肇岐的腿"一时在中共岐山组织中传为佳话。

有一次，他给设在虢镇的省立二中传送油印的党内刊物，在城门口被守兵挡住。经仔细观察，他发现士兵们将书刊倒着看，觉得其不识字，便急中生智，说党内刊物是学校国文讲义。守兵让他念，他即手指刊物，眼睛盯着，口里背着《李陵答苏武书》，瞒过哨兵完成交送任务。此举受到党组织的称赞。

1927年，中共岐山县委创建麟游党组织。作为交通员的他，多次单人徒步到山大沟深、路途遥远、人烟稀少的麟游，传递情报和文件。吃不到饭，他就以野果充饥，风餐露宿，艰难困苦，但从未出错。

他还利用寒暑假，义务为群众写对联，开展革命宣传，在农民中发展共产党员。与何士元等党、团员和进步人士一起，清算劣绅账目，将其贪污数额公之于众，迫其退还赃款，使其威风扫地。土豪劣绅勾结官府疯狂报复，害死了他的叔伯父及二妹，但他不坠革命之志，更加勤奋地为党工作。在麟游高小一学生党员被捕后，中共岐山县委派他前去打探虚实。他将党内机密文件缝在衣服背肩里，在漆黑一片的深夜冒雨上路，迎着风声、水声、野兽的嚎叫声和泥泞，探明了情况，及时转交了党的文件，强忍着雨淋后的高烧，饿着肚子及时返回汇报了情况。

1928年3月，他参加了县委研究讨论"3·18"纪念活动等事宜的会议。巴黎公社纪念日，他贴标语、散传单，参与游行示威。中共岐山组织遭到破坏后，他主动传递情报，设法参与营救被捕同志，多方寻找上级组织，发动师生巧妙驱逐封建守旧校长。1929年7月，中共岐山支部秘密恢复，周肇岐成为地下党组织负责人之一，与何士元等地下党员一起，在眉县民团和凤县保卫团发动军事暴动。周肇岐还积极感化教育士兵，通过在驻地和行军途中刷写标语灌输民主进步思想，鼓动打土豪、分粮食、救济饥民，以武装斗争反抗国民党及其地方反动势力。其中，策动的眉县鹦鹉嘴民团军事暴动，拉出50多人和60余支枪，编入地下党和群众支持、具有反蒋性质的西北民军，许多中共党员秘密参加这支队伍，他也随之进入西北民军成为司令部副官。鼓动凤县兵变时，他先住在雷星阶训练保甲的国民党凤县政府杂税局，后移住县城东关，以给人当家庭教师为掩护，与共产党员何士元及雷星阶等人一起，依靠进步力量，精心策划，拉出县保卫团百余人和70多支枪，回到岐山后兵变人员被编为西北民军第九旅。西北民军失败后，周肇岐在家乡益店太白庙私塾的基础上创办起初等小学，先后担任教师、校长，降低学费方便贫苦农民子弟入学，精心培养下一代，相机进行秘密革命活动。

1932年，关中连续第4年遭受大旱、霜冻、蝗虫等灾害。根据中共陕西省委《关于开展灾民斗争的通知》精神，他在益店太白庙小学秘密召开中共岐山支部会议，决定将"吃大户"的农民自发斗争组织起来。与雷星阶、李秉枢等人采用鸡毛传帖的方法发动了7月的农民围城缴农斗争。他鼓动大家，为救百姓豁出去干，坚持斗争。手持权把等农具的万余灾民，愤怒地包围岐山县城连续三天，高喊要向国民党县府交给农具，说种不成庄稼了，再种就会被勒索而饿死。这次灾民围城运动终于取得了反抗苛捐杂税斗争的胜利。

翌年，岐山支部改建为特别支部，周肇岐担任特支书记，为其发展壮大做了不少工作。但因陌生盯梢人的密报，却被国民党县乡组织撤销了太白庙小学校长职务。于是他便发动群众腾出校舍创办起益店姜家沟小学，继续以教书为掩护积极开展革命活动，在学校周围农村秘密发展地下党员，扩大党的组织。到1935年，特支党员发展到13名。

雷星阶创办起益店完全小学后，他被聘为益小教师。西安事变后，他主持召开中共岐山特支紧急会议，作出发动民众开展抗日救亡工作的重要决定。协助组建益小民先队和益店各界抗日救国会，为抗日前方募捐衣物，发动益店及其周围各界人士集资捐物、拆庙伐木，扩建益小，利用授课宣传抗日救国思想，激发学生爱国热情，采用读书会、夜校上党课，培养积极分子，发展党团员。

1937年3月，中共岐山县工委成立，他任书记。益小成了中共岐山党组织开展革命活动的一个中心和据点。翌年，他到省委云阳党员干部训练班学习，返岐后改任工委组织委员。七七事变爆发后，周肇岐活动于益店、青化、范家营、鲁家庄、枣林、罗局、高店等集镇和农村，组织师生和进步青年，编演《放下你的鞭子》《鸡大王》《顺民》等抗日文艺节目，画漫画、出墙报等宣传党的抗日民族统一战线政策，鼓动民众为抗日将士捐献钱物、写慰问信。次年他到延安抗日军政大学学习，返籍后任中共岐山县委组织委员，以益小教员的身份给学生讲授自己在抗大所学革命理论，教唱抗日歌曲，与校内其他党员一起，采用技巧迫使国民党特务离开益小，保护中共岐山地下党负责人的安全。民先队被国民党明令取缔后，他经与中共岐山县委领导成员商议，指使学生将抗敌后援会的牌子从商会门前移挂到益小校门前，用其合法招牌，宣传抗日救国思想。周肇岐的一系列革命活动，逐渐引起国民党地方反动当局的怀疑，因而他被省委特派员安排到设在虢镇的中国工业合作协会隐蔽。

在工合，他兢兢业业、勤奋工作，为前方抗日将士织造御寒衣物，暗中设法掩护已暴露身份的中共地下党员和进步人士，为到陕甘宁边区的志士牵线搭桥，提供条件。

1941年夏，周肇岐进入边区。是年秋，党组织委派他为校长，在今耀州柳林街道南端五孔土窑洞内，因陋就简办起山镇历史上第一所学校——边区淳耀完全小学。他亲自敲锣打鼓走村串户动员适龄儿童入学。学校分设高、低两个年级，高年级又分甲、乙两班。在他的领导下，学校在1942年和1944年两度扩建，共建起12间教室和围墙与校门。他们民主办校，努力改进教学方法，结合边区实际开展教育教学工作。小学师生，不时在柳林街头和农村集会时为群众演讲，在客店、骡马店里为脚夫们讲读边区报纸和宣传党的方针政策和革命道理。在公共场所经常可以看到师生们换写的黑板报、出刊的宣传画、墙报。周肇岐还定时组织师生下乡普查土地、计算公粮收缴数量，通过实践锻炼学生，培养造就革命青年，受到当地人民政府的通令嘉奖。他因办学成绩突出而调任新正联合完全小学校长，到延安大学接受短期培训、参加边区整风运动。

1946年底，他被调任为设在延安的西北党校教员。国民党胡宗南率军疯狂进攻占领延安时，党校转移到安塞。他受命一人在该县西营真武洞留守看管西北党校移置此处的图书和家具。在整理书籍之余，眼见当地小孩多未上学，他便迎难而上，主动将孩子分组办起识字班，推行"小学生制"，会的教不会的，好的帮差的，由他义务上课。后又增设成人识字班，帮助群众学习文化知识和革命道理。他的所为深受当地群众信任和拥戴，得到时任西北党校主任杨文海等人的赞扬。

不久，他从党校到子长县进行收复延安的战争动员工作。下半年又参加子洲县的战勤动员和农村土改；指导审查改造国民党俘虏，采用诉苦、排演革命剧目等形式，教育感化了不少被俘官兵。接着又担任黄龙县军分区政治部宣传科长等，利用战斗间隙和行军休息之时，撰写文章与演讲，颂扬战绩，褒扬战斗英雄与模范人物，鼓舞士气，还支持创办小报及时报道部队战况，登载胜利消息。他的《敢以空拳抗万钧》律诗，歌颂柳林青年民兵营守卫百里边线，牵制大量敌人兵力的事迹，在当时很有影响。他为各种场合撰写的对联脍炙人口，受到好评。是年冬季，他又担任了西府军分区政工科长，带领宣传人员随部进入渭河北岸新区，夜以继日地宣传党和部队政策，消除群众恐惧和怀疑心理。

1949年，他调任彬县军分区联络科长，参与当地剿匪、清赌工作。新中国成立后，他因病回到岐山老家疗养期间，依然像过去一样，趁家乡周围会戏开演前的空隙，登台向群众进行宣讲，这时他主要宣讲新中国及陕西地方的政治经济形势与蓝图。

周肇岐一贯平易近人，不显功、不自傲，朴实无华，生命不息、奋斗不止。1950年，担任永寿县人民政府县长后，该县的土改、支前、公粮收缴等工作成绩斐然，而他依然艰苦勤劳本色不变，常穿着补丁衣服深入实际，与群众同甘共苦，下乡时常提着粪笼拾粪，深受群众称赞。

1952年起，历任陕西省银行学校校长、西北畜牧学校校长。1955年，在担任省疗养事业管理处处长时，组织科技人员具体勘测后，提出的临潼地下温泉资源开发利用计划受到重视。1963年后，他历任宝鸡专署视察专员、行政公署顾问、市政府顾问等，工作积极主动，经常深入基层巡视，出主意、提措施，参与重要决策。

"文革"中，他被横加莫须有罪名，关进牛棚，横遭批斗，身心受到严重摧残。党的十一届三中全会后，他不顾年老体弱，提建议、做倡导，为振兴宝鸡献计献策。生命的最后时刻，他还在病床上为地方史志工作提供了文字与录音资料。1985年1月，因病在宝鸡逝世。

共青团岐山组织创始人张云锦

张云锦（1909—1992年），号松涛，益店镇益平村太平庄中国共产主义青年团岐山组织创始人之一，岐山县教育界革命先驱，岐山中学创始人。

张云锦出生于一个书香门第之家，幼时虽无衣食之虞，但军阀割据、盗贼四起、战乱不断的现实却使他饱尝离乱之苦。1924年冬，张云锦以优异成绩考入省立三原第三师范学校，课余期间，他如饥似渴地阅读马列主义进步书刊，逐步了解革命道理，接受革命思想，踊跃参加进步活动。1925年，经李琦、曹永丰介绍加入共青团。1926年6月，因三原发生战争，各校被迫停课，学生陆续返乡。三原党团组织给学生中的党、团员布置回乡发展党、团组织、开展反帝反封建宣传活动的任务。张云锦和李琦、曹永丰等负命回到家乡岐山。返回岐山后，张云锦在周公庙职业学校任牧。1926年10月至1927年2月任中共岐山党团支部宣传委员并兼管团的工作。1927年2月至11月任中共岐山特支委员兼共青团岐山特别支部书记。曾多次代表岐山党团组织赴西安参加省上党团组织召开的会议，传送文件。1927年上半年，受组织派遣，到由国民联军驻陕总部创办，共产党员刘含初任院长的西安中山学院学习，在此经吴化之等人介绍转为中共党员。1927年5月，按照中共岐山特支的指示，向国民联军驻陕总司令于右任（当时统掌陕西省军政大权）及教育厅长杨明轩（中共党员）请求，撤销封建守旧的岐山县教育局长，任命雷星阶为局长。

1927年6月，张云锦回到岐山后，根据中共陕甘区委的指示和岐山特支的决定，与其他3名共产党员一起，以国民党岐山县党部的名义，到佃农和贫苦农民居多、土地集中的落星湾开展农民运动，建立西府地区第一个农民党支部、第一个农民协会和党领导的第一支武装力量——农民自卫队组织。组织农协会员开展对土豪劣绅的斗争，兴修水利，举办农民夜校，传播革命火种。1927年11月至1928年8月任共青团岐山县委书记。

岐山党组织遭到破坏后，张云锦与组织失去联系。后到北平求学，于1934年毕业于北平中国大学哲学教育系，1939年毕业于国立北平师范大学教育系。1940年，应岐山县政府及各界人士邀请，他辞去省立户县师范教务主任，与郭子直等人一起，创办县立中学（岐山县高级中学前身）。以校长身份掩护中共岐山地下党的活动，使岐山中学成了中共地下党活动的重要阵地，为党组织培养了一大批干部。张云锦本想振兴岐山教育，而又难见容于国民党反动派，在这种情况下，他怀着愤懑的心情，三次呈请辞去校长一职，遂于1945年8月离开岐山，到西安女师任教。在此经杜斌丞等人介绍加入中国民主同盟，并担任民盟主办的《工商日报·秦风联合版》记者。

1948年10月，在前往边区途中，张云锦与康令志、崔青山等90多人被俘。后经同学、第十八绥靖司令部干事马唐中作保获释。出狱后，他积极设法营救康令志等人。随后，张云锦又以西北农林专科附中教师的身份在武功杨凌教书。1949年曾被陕甘宁边区政府任命为地下岐山县人民政府副县长，因进行战略东撤，又被任命为陕甘宁边区宝鸡分区行政督察专员公署三科科长。

新中国成立后，张云锦历任宝鸡专署第三科科长、民盟宝鸡市主委、陕西省文教厅秘书室副主任、陕西省中苏友好协会理事兼副秘书长、宣传部主任。"文革"中遭受批斗，被开除公职，遣返回原籍。十一届三中全会后，平反恢复公职，在岐山中学任教。曾担任岐山县第九、第十、第十一届县人大常委会委员、政协岐山县第一届委员会常委、宝鸡市第八届人大代表等职。

张云锦在去世前的几年里，他不顾年迈多病，常常冒着严寒酷暑，足不出户，全身心地投入回忆录的撰写工作之中。先后写下了《岐山地下党的诞生》《陕西第一个革命学府——西安中山学院》《关于1928年岐山地下党被破坏情况》《1927年党组织的沿革》《永寿事件》《抗日战争时期岐山初级中学学生和敌伪党团的斗争》《岐山地下党和学校的密切联系》《令人难忘的脚柜处》《李秉枢烈士》《岐山的天足会》等10多篇党史文章，为研究中国共产党在岐山县的活动提供了第一手珍贵翔实的文史资料。

"革命火种" 李秉枢

李秉枢（1910—1940年），字时哉，小字保田，岐山县益店镇下官庄人，生长在小康农民家庭，为中共岐山组织早期领导人之一。他为地下党领导的人民革命事业呕心沥血、鞠躬尽瘁，被追授为革命烈士。

李秉枢10岁始入私塾读书。1924年，考入岐山县立南坡寺高等小学。在学期间，勤奋刻苦，进步很快。在《过年》的作文中写出了："大雪纷纷天气寒，家家户户度年关。地主老财多酒肉，穷汉长工断炊烟"的顺口溜。

1926年春，高小毕业，以优异成绩考入岐山县周公庙职业学校。在校期间，阅读革命书刊，接受革命思想的熏陶和农会与农村夜校的锻炼，当年冬第一批在该校加入共青团。次年夏，父亲惨遭土匪杀害，其家被抢劫一空。同年秋，他便转入刘家原师范学校学习，不久毅然加入中国共产党，在努力搞好学习的同时，积极参加力所能及的社会革命活动。1928年3月，参加中共岐山县委在县城北操场举行的巴黎公社纪念大会，贴标语、撒传单，带头高呼口号，游行示威，鼓动群众武装暴动，激发反蒋（介石）汪（精卫）情绪。

纪念大会后，岐地形势恶化，中共岐山组织与上级失去联系。李秉枢等人冒着随时被捕的危险，主动承担起联系同志的重任，于1929年7月和中共陕西省委联络员接上关系，恢复了中共岐山地下支部。同年秋他考入省三原师范，次年随校并入西安一师。

1931年九一八事变后，当时在西安一师上学的李秉枢，联系本校及西安一中师生成立抗日救亡组织前卫社，介绍张西铭等多人加入中共地下党，建立党小组，他任组长。在省委的直接领导下，出版刊物，组织同学罢课走上街头，张贴标语、散发传单、宣传演讲，反对日本帝国主义强占我国东北三省，强烈要求抗日，发动群众开展抵制日货运动，并参与捣毁国民党陕西省党部设施、驱赶到西安宣传"攘外必先安内"政策的戴季陶等国民党中央和省党部官员，火烧其乘坐的小汽车。寒假期间，他串联在西安的同籍同学回乡进行抗日救亡宣传活动，在岐山县城街头组织游行演讲，高唱抗日救亡歌曲。国民党县党部书记长勒令停止宣传时，他挺身而出，据理驳斥，并愤怒地摘掉县党部吊牌，贴上抗日救国标语。

1932年暑假期间，李秉枢与中共岐山地下支部负责人一起，仿效武功、兴平等地的办法，散发鸡毛传帖，由他亲笔书写，发动农民开展围城"缴农"斗争。万余名农民手持谷杈、锹镢等农具围城三日。"缴农"期间，他奔走于县城四门之间进行鼓动，带头控诉呼喊，要求县长减免税捐。"缴农"斗争迫使县府当局直至第二年夏收前未敢摊派粮款、杂税。

1933年夏，李秉枢毕业回县担任中共岐山地下特支副书记，以县教育局督学身份秘密从事革命活动。次年起先后任南坡寺小学教导主任、校长，在校创办阅览室，成立"自励读书会"，组织师生演讲，参与出刊《自励半月刊》，发表读书心得、社会调查及政论文章，宣传土地革命，向学生灌输爱国思想。

1937年起，李秉枢先后担任中共岐山地下工委组织委员、书记，公开身份为县督学。他宣传党的抗日民族统一战线政策，团结抗日力量，积极开展抗日救国活动，在岐山上层士绅中搜集打击迫害主张抗日进步教师的县教育科长贪污教育经费等罪恶事实，组织中共地下党员教师连夜刻印材料邮寄省教育厅，并以县教育科督学的身份前往西安催案，终于使其被撤职。但他因此却被以"共产党嫌疑"解职而回家种田。这时他又拒绝国民党县长的利诱，默默为党工作，在本村和邻村秘密发展党员，建立党支部开展革命活动。

1938年秋，李秉枢被校长雷星阶聘为益小教师。进校后，他推荐师范毕业的中共地下党员进校当教师，在校内开展革命活动。革命活动受到国民党县党部暗中监视后，他组织动员开明进步人士搜集县党部书记长抵制抗日、贪污受贿、包揽诉讼等罪状事实，由中共地下党员书写密告信，发往国民党中央、省党部等部门，并通过上层关系在省上催办。没过两月县党部书记长就被撤职，迫使其爪牙离开了益小。

国民党县党部因此行使强权解聘了李秉枢益小教师职务。1939年4月他担任国民党龙尾乡公所会计。便又在乡丁中发展地下党员，推荐其中愿为共产党服务者担任乡丁队长；他又以下乡办公事为掩护，秘密组织党员发动群众，开展抗粮、抗丁、抗款斗争，使该乡第一保当年所派的军麦多数穷苦群众没有交纳；他还组织地下党员联系人写状子告倒了长摊过派、敲诈百姓钱财的保长，减缓了该保农民的负担。

当年冬天，李秉枢担任首任中共岐山县委统战部部长，又被聘为益小义务教师。他给学生讲课，既教书又育人，除讲基本的课文知识外，还联系社会实际选编教材。当讲到《卖炭翁》《卖火柴的小女孩》中悲惨际遇时，他声泪俱下，表现极大同情心；讲到《石壕吏》《最后一课》时，他跺脚切齿，体现万分愤恨，用潜移默化的方式，激发学生的阶级仇、民族恨。经过艰辛的努力，益小高年级学生中30多人加入了中国共产党。他还在百忙中挤时间帮助农民出身的共产党员、益小校工成景贤看书识字，学习党内文件，解决了其担任县委联络员等工作困难。与此同时，他经常利用晚间，在学校外的坟地里、树林中，组织党员秘密学习党的知识，进行党员保守党的秘密等党性教育，要求受教育者用鲜血和生命维护党的组织纪律。益小作为中共岐山县委的秘密据点，西府特派员吕剑人等经常来往在此食宿、指导工作，从来未发生过问题。

由于李秉枢白天既要应付乡公所的"公事"，还要到益小讲课，晚上的革命活动比白天还多。日夜操劳使他身体日渐消瘦，终于因积劳成疾而卧床不起。党内同事纷纷看望，劝他治疗。而他却为国民党不断制造摩擦、国共合作形势日趋恶化而担忧。加之，因没钱抢救，妻子因难产而过世。他于1940年5月21日医治无效与世长辞，时年30岁。他未给3月连遭父母丧的两岁孩子留下分文，遗物中最值钱的是一支为革命自费购置的手枪。

李秉枢对党和人民热如火，对敌人冷如冰，为革命流干了自己，照亮了黑暗中探路人的前程。党和人民没有忘记他，中共七大会议期间，中组部追认他为革命烈士，新中国成立后，他的名字载入《人民革命烈士英名录》，他被称赞为"不灭的革命火种"。

中共岐山南原地下区委书记陈鉴元

陈鉴元（1913—1960年），岐山县雍川镇安化村人。1924年，进入岐山第二完全小学上学。在校期间，刻苦勤奋，成绩优异，颇得学友和师长的好评。

1931年，赴凤翔省立第二中学求学。九一八事变后，该校学生群情激愤，赶走了阻挠抗日救国的反动校长。中共地下党员何寓础接任校长后，聘请中共地下党员李敷仁等到校任教，并购买进步书籍，发展进步力量，宣传革命思想。受这种气氛熏陶，陈鉴元逐渐接受革命思想，于1932年8月在凤翔省立二中经张好仁介绍加入中国共产党。11月，他按照上级组织的安排，负责凤翔县城内地下组织工作，寒假期间和张四维等参加西安旅省同学围打国民党凤翔县党部的斗争，赶走国民党县党部书记等人。

不久，国民党当局免去何寓础校长职务，先后派李仲、忽子申等人为校长。陈鉴元因参与校内驱赶这两位顽固反动校长的学潮斗争，被开除学籍。

在凤翔无法立足的陈鉴元返回家乡，在岐山南原地区的安化小学担任教师。1933年6月，中共陕西省派赵维笃到达岐山，将中共岐山支部改建为中共岐山特别支部，陈鉴元任特支委员。他以在学校任教为掩护，积极开展党的活动，在学校周围农村中培养发展两名农民党员，于12月建立中共安化支部，他兼任支书，支部归岐山特支领导。这期间，他经常和李秉枢联系、会面，并在岐山南原地区周围村庄继续发展中共党员，开展党的活动。

1936年12月西安事变后，陈鉴元带领支部党员和进步人士，在安化小学和附近农村积极开展抗日救亡宣传活动，并于1937年初在岐山县南原地区建立党的外围组织"中华民族解放先锋队"，他担任队长，发展队员10多名。民先队成立后，办起农民夜校，以此为阵地宣传共同抗日。3月，中共陕西地下省委派李特生到岐山整建党的组织，成立中共岐山县工作委员会，周肇岐任书记，陈鉴元等人为委员。

七七事变后，担任岐山县教育科长的国民党特务，在教育系统打击迫害坚决主张共同抗日的中共地下党员和进步教师。陈鉴元配合县工委书记李秉枢，组织益店小学教师、地下党员康令志、王有令、吴志纯等，以密告蔡某贪污教育经费为突破口，发起对蔡的斗争，将作为特务的县教育局长赶下台，为中共在岐山建立抗日民族统一战线排除障碍。

随着岐山南原地区党员队伍的发展，1937年底成立中共南原地下区委，陈鉴元任书记。区委下辖安化、楼底、马江村3个党支部。区委及其支部积极开展革命活动。1938年冬，陈鉴元安排赵建文打入设在南原的任惠乡（雍川乡）社训队担任助教，设法掌握武装力量，为建立革命武装奠定人员、武器基础。

1939年，他被组织安排到益店完小教书，并继续负责南原区委党的工作。其与中共地下党员共同努力，抗日工作开展得颇为活跃，益小学生亦由100多名增加到400多名，在岐山地区享有较好声誉，党的工作得到深入发展。

国民党顽固派发起反共高潮，实行白色恐怖。中共岐山党的地下活动走向单线联系形式，有的组织和党员处于隐蔽和"睡眠状态"，南原区委的工作也处于停顿状态。但是，陈鉴元等人仍然积极参加并组织控告所在乡保乡保长长摊过派、倒卖壮丁、敲诈勒索、加重农民负担的斗争。

1945年秋，中共南原区委恢复活动。区委书记陈鉴元带领其他成员积极在国民党地方武装中开展统战工作，逐步与国民党县自卫团副团长王志德、张家聪，大队长苗养田，中队长张世桢，分队长李桂林及李腾蛟等人建立统战关系，为党组织提供情报、武器弹药，并对地下党员的掩护做了不少工作。

1947年3月，陈鉴元领导中共南原区委在安化村组建拥有20多人及相应枪支的秘密武装，在东到扶风县午井镇、西到凤翔县彪角镇的范围内，发动群众开展武装走私，将之由自发的、贸易性的非法武装走私变成有组织、有领导、有政治目的的武装走私：运送黄金、白银、武器弹药、电器电料、医药、布匹等进陕甘宁边区，粉碎国民党经济封锁，支援边区建设。同时向群众灌输革命思想，并利用驻宝鸡金台观国民党警备大队长陈宝荣与中共南原区委秘密武装的走私联系，设法从敌军火库套买机枪，陈宝荣以送家属为名，用畜力小轿车把3挺机枪送到南原安化村陈鉴元家，联系冯兴汉派游击队员取走。

1948年，西府出击时，陈鉴元主动和野战军前哨部队接头，介绍国民党凤翔虢王乡公所情况，委派地下党员亲自前往与统战人员一起，做虢王国民党乡公所人员的工作，配合解放军部队收缴全乡保、甲人员的长短枪200多支。与此同时，陈鉴元在蔡家坡开设一间门面坯房作西府工委地下交通站，隐蔽中共地下工作人员，开展国民党渭北乡公所的统战工作。西府工委和岐山、宝鸡、凤翔县委领导人王宏谟、亢少平、蒲光、焦世雄等人经常在此隐蔽，从未出过问题。4月25日，陈鉴元、孟自治等人担任岐山县城工作组负责人。

西府出击后，西北野战军撤离宝鸡，国民党军队和岐山县长、警察局长卷土重来，向革命势力进行疯狂反扑。中共岐山南原区委与上级失去联系。陈鉴元依据靠近凤翔的情况，与中共凤翔地下党组织就近取得联系，继续开展雍川、蔡家坡等区的工作，在县域进行统战工作，了解敌军政各机关的情况，并与亢少平经常研究开展岐山、凤翔游击队工作，给凤翔游击队购买较多数量的长短枪支、子弹、装弹机、机枪夹子，提供敌人的行动等军事秘密给游击队。

1949年1月底，陈鉴元参加中共凤翔县委第二次"江湖村会议"。依据这次会议精神，陈鉴元等人利用南原秘密武装，处决多次刺探地下党和秘密武装活动、勾结劣绅为非作歹、抢劫百姓钱财的国民党岐山县第九区特务队长赵明杰及其亲信护卫蔡水世，缴获短枪4把，摧毁该特务队；策动瓦解敌挺进队和秦岭守备区，收缴扶风自卫团溃逃途经马江20多人的各种枪支20多支；通过做国民党岐山县自卫团大队长苗养田、中队长张世桢的工作，均使其转变立场，向人民投诚。6月，中共宝鸡地委在高陵宣布的岐山县人民政府组成人员中，陈鉴元任四科（建设科）副科长。

1949年11月至1951年，根据工作需要，陈鉴元先后调任宝鸡地委宣传部与陕西省委宣传部干事。1951年，因病在陕西省高干疗养院养病，1958年，转回家乡岐山养病。1960年6月病故，终年47岁。

"西京梅兰芳"王天民

王天民（1914—1972年），名天贵，字子纯，岐山县人，著名秦腔演员，专工闺阁花旦。

1924年，10岁的王天民进入西安易俗社第6期学艺，受业于秦腔名旦党甘亭、陈雨农，初习小生，旋习花旦，专工闺阁。1926年春，首次登台，主演《柜中缘》技惊满座。尔后，相继在《蟭螭案》《复汉图》《人月圆》《少华山》等10多部剧目中任主角，演艺日臻娴熟，出色地塑造出尹碧莲、林黛玉、赛金花、卢凤英等大家闺秀和小家碧玉之类的少女形象，形成清新自然、委婉柔腻的艺术风格。

1932年1月，西安《新秦日报》进行秦腔演员评比，他名列榜首。接着，他又两度随易俗社在北平、河北、河南、山西等地演出。被北平观众誉为"天香院主""西京梅兰芳"。一位行家在《全民报》上撰文说："若此伶久居旧京，改唱皮黄，恐怕梅（兰芳）、程（砚秋）、荀（慧生）当退避三舍。"在北平演出之余，王天民观摩荀慧生、尚小云、马连良、叶盛章、奚啸伯、芙蓉草、马富禄等京剧名家的拿手好戏。梅、程、尚又均看他的演出，请他到家里做客谈艺，赠送剧照、书画，并在服饰、化妆上给予指导。于是，王天民改进秦腔旦行的化妆，将旦角传统的贴八字形鬓、戴玻璃串珠条子、顶彩帕等比较简单的化妆改为贴旁鬓外加贴额发花（即"小窝"），戴钻石点翠行头，使秦腔旦角化妆由粗鄙简陋一跃而细雅秀丽、琳琅华美。此后，天民屡屡演出，台下多以坤伶疑之。1936年，上海百代唱片公司专门灌制他的唱片。

王天民在西安担任剧社领衔演员近30年，演出剧目颇多，饰演过《蝴蝶杯》中的卢凤英，《柜中缘》中的许翠莲，《杨贵妃》中的杨玉环，《淝水之战》中的谢道韫，《夺锦楼》中的钱瑶英，《黛玉葬花》中的林黛玉，《颐和园》中的赛金花，《三知己》中的王素云，《盗虎符》中的平原君夫人，《宫锦袍》中的李鸿章女儿，《还我河山》中前本梁红玉、后本岳夫人等，或端庄持重、雍容雅致，或轻盈浮荡、娇巧玲珑；或气壮山河、威武凛然，或工雕细腻、悱恻缠绵，各自特性无不见好。他的唱腔珠圆玉润、行腔自若，若鹏声谷鸣、裂帛清脆。表演的"哭"有根有梢、有因有果、有起有落、感人肺腑、催人泪下；表演的"笑"，真实含蓄、甜媚耐思。在《入洞房》中，人物心绪变化不同的"媚笑""喜笑""痴笑""怒笑"，被他表演得惟妙惟肖。戏剧评论家封至模认为："王天民……扮相得一个'腻'字，身段得一个'娇'字，做工得一个'细'字，脱尽秦腔火气和豪壮之俗。"他唱做俱佳，尤以做工见长，形成独特缠绵细致的流派和风格。

王天民为人善良纯朴、尤重操守、扶危济困、捐献义演。1938年，刚为宋哲元部抗日将士慰劳演出从北平归来，就又在西安出演《山河破碎》等多本借古喻今的抗敌爱国戏中的旦角，激发人们的抗日之情。

这期间，丁玲带领西北战地服务团到西安编演宣传抗日救亡新剧。王天民积极协助，传授秦腔技艺。后来西战团回延安演出秦腔剧，团员夏革非获得"延安来了个王天民"的好评。

1949年，西安解放的第三天，王天民即为贺龙、王维舟、贾拓夫等进城的解放军官兵带病演出《吕四娘》等秦腔戏。1952年，参加全国第一届戏曲观摩大会，他担任评奖委员会委员，与梅兰芳、周信芳等人一并荣获高于一等奖的荣誉奖。其代表剧目《入洞房》，被制成电影拷贝，他的许多优秀剧目被录音。

1953年，王天民又偕同马健翎、杨公愚、常香玉、田益荣等受西北文化部委派，参加全国戏剧改革座谈会。共商地方剧种贯彻"百花齐放""推陈出新"文艺方针大事。

"文革"前王天民虽然疾病缠身，但他仍进行示范性演出，为青年演员身传口授、教练不辍，促进他们的艺术成长。因而他受到党和政府各级组织的关怀与爱护。曾被习仲勋接到北京，住在政务院招待所，聘请名医给予治疗。1962年，易俗社建社50周年大庆，王天民作为年近半百的病老头子，勉力出演他在《入洞房》中的看家戏，再现輦笑娇嗔、眉情目语的卢府千金，令人陶醉。王天民历任西北文协和西安文联委员、西安市人民代表、陕西省政协委员、中国戏剧家协会理事等。

"文革"清队，强加给王天民"国民党特务""宣传封、资、修的遗老"等政治帽子，备受迫害，不幸于1972年10月8日饮憾而去。1978年他的政治问题得到平反昭雪。

革命烈士苏喆

苏喆（1915—1947年），又名苏毓民，岐山县故郡镇苏前村人，革命烈士。1932年，在西安地质学校上学期间秘密加入中国共产党。毕业后在地质测量队工作期间，参加成立于西安的中共岐山小组（有岐山县三刀岭籍王锦荣等12名党员）的地下革命活动。1937年10月，奉党组织命令由西安到达庆阳，被编入抗大分校特科营化学队，辗转进入延安培训提高。年底作为抗大骨干学员被编入八路军，前往山东抗日前线担任一一五师司令部教育科参谋，学习马克思、恩格斯的《共产党宣言》、列宁的《论无产阶级政党》《俄国十月革命》、埃德加·斯诺的《毛泽东印象》、罗瑞卿的《抗日军队的政治工作》《目前政治工作建设上的一些问题》、茅盾的《子夜》等文论，撰写"高粱红大豆香"等"幼心"日记，感慨郭沫若文章对国民党官员灯红酒绿、花天酒地生活的揭露。

1941年10月至12月，驻山东日军集中5万兵力对沂蒙山区抗日根据地进行"扫荡"。在日军欲置一一五师于其"铁桶包围阵"时，改任侦察参谋的苏喆参加艰苦卓绝的沂蒙山区抗日反"扫荡"和留田突围等战役战斗。在东汶河沙滩上集合后，臂缠白毛巾，爬山、过河，有序通过公路，连夜向南侦察奔向留田。苏喆跟战友观察、捕捉破解信号弹的秘密，搜索着将大部队顺利引导到达目的地汪沟，安全突破5万日伪军构筑的"铁筒包围阵"，胜利冲出重围，开展反"清剿"斗争。在垛庄、旧寨、三角山、绿云山、李村等地伏击、袭击、阻击"清剿"之敌，保存有生力量。

1947年，在解放山东省费县的战斗中，苏喆带领12人掩护突围，激战中壮烈牺牲，时年32岁。解放后，中央军委确认苏喆为革命烈士，1963年为其颁发毛泽东主席手书签名用印的烈士证书。他用鲜血和生命为民族独立和人民解放前仆后继、英勇奋战的事迹，载入1992年、2017年两个版次的《岐山县志》，其崇高精神作为宝贵财富将永远深深教育和鼓舞着人们不懈奋斗！

青年革命活动家周可任

周可任（1925—1948年），岐山县京当镇西戬村西庄人，革命烈士，青年革命活动家。曾在河南省数年从事革命工作，是解放战争时期河南大学学生运动的组织者和领导者之一。

他自幼勤奋好学，在岐山县城东大街上小学时，即为高才生。1939年起在乾县初级中学就读，因成绩优异于1942年免试升入西安兴国高中。深受中共地下党员李敷仁（民俗学家）、武伯纶（历史学家）、王维祺（即王天人）等教师的厚爱与启迪，经常秘密传阅苦读《列宁主义问题》《联共〈布〉党史简要教程》《新华日报》《群众》杂志等革命书报刊。其父1944年加入中共地下党后，担任地下交通联络员。1945年4月，他加入共产党的外围组织——西北民主青年社（简称民青），负责筹建兴国中学民青组织，发展民青成员多名，主编《兴中校友》，在《秦风·工商日报联合版》《民众导报》《文化周报》《每周文艺》《山西青年》等多种进步报刊上发表针砭时弊的政论文章、散文、诗歌数百篇，传播民主思想，报道民主运动动态，深恶痛绝日本帝国主义，抨击国民党的黑暗统治。他在《乡镇行政上的几个问题》一文中，充分揭露财东霸占、人民无权、苛捐杂税、兵匪官绅等现象；在《朽木与栋梁之才》一文中指出，人民群众是真正的栋梁，汪精卫和他的党羽是我们大厦内背叛国家民族的逆贼，愤然鼓动焚烧这类朽木；在《农民的罪》一文中，他心向人民群众，同情穷苦人民，论述了农民的三爱三憎；在《论一代更胜一代》一文中，他将"一代不如一代"的谰调批驳得体无完肤；《沉痛于工作》一文，洋溢着高度的革命乐观主义精神，明确在战略上要有蔑视一切敌人的大无畏气概，将一切貌似饿狼的敌人制服成绵羊。他指出："文艺为人民群众所把握即变成社会的爱克斯光镜，在它下面的一切贪婪、污秽、细菌都将毫无躲避地被揭露出来，而成为革命打击的目标"。同年夏，他考入河南大学文史系，在学好专业课的同时，系统学习哲学、政治经济学等，忘我地投身于党领导下的学生运动。次年初，在中共汴郑地下工委领导下，他秘密建立新民主主义研究小组。1946年至1947年，被连选为河大第四、五届学生自治会宣传、出版工作负责人，作为宣传鼓动工作的主将、勇士和中坚，他废寝忘食、通宵达旦地编印传单、口号、快板词，利用晚间秘密张贴引人注目的标语和宣传材料。利用自治会秘书的便利条件，将大多数校理事要求学校主持正义、维护学生权益、参与营救被捕同学的发言与校长的阻拦言论，连夜整理张贴公布，使学生自治会声威大震，保障了革命师生安全。参与组织引导河大师生反对美军强奸北大女生的游行和反内战、反饥饿、反迫害的罢课罢教斗争，主编校学生自治会会刊《河大新闻》和《游行快报》，反映学生自治会文告和游行动态及各界的同情与支持，为之摇旗呐喊、推波助澜；他在开封《中国时报》、上海《大公报》上发表匕首般的专论文章和译作苏联儿童剧《魔术画》等，宣传革命理论，鼓舞斗争士气。因此被反动当局开除学籍，后他于1947年9月3日在开封加入中共地下党，被派往唐河从事党的秘密工作。化名周重远，以唐河县太和寨私立蔚文中学英语教师为掩护，与共产党员牛金铺一起，团结师生和国民党退役军官，找到一批枪支，组织上千人的武装游击队，配合野战部队英勇地投入解放唐河、信阳、长治、襄樊、邓县、宛东的战斗。年底参加刘邓大军，任二野十纵二十八旅协理员兼宣传队长。翌年12月部队转移到江苏扬州时，他不幸被当地土顽杀害。年仅23岁。

新中国成立后，周可任被河南省民政厅追认为革命烈士，并转知岐山县人民政府。

附　录

　　岐山是中华文明的重要发源地之一，也是人文初祖炎帝的生息之地。相传在远古时期，人文初祖炎黄二帝曾在岐山留下了踪迹，周人始祖后稷就是黄帝的四世孙，周人长期与姜炎部落联姻，文祖仓颉也在岐山留下了造字的传说。岐山是华夏中医始祖岐伯的故里，相传黄帝曾访岐伯于岐山脚下，与岐伯谈论治国之道与养生之道。大禹治水时，禹王在雍州治理水患期间，曾在岐山落脚。这5位圣贤人物都为中华文明的诞生和发展做出了重大贡献，都与岐山有着密切关系。

华夏始祖炎帝

炎帝，新石器时代姜姓部落首领的尊称，号神农氏……传说由于其懂得用火而得到王位，所以称为炎帝。相传农历四月二十六，炎帝诞辰于姜水，所在地在今岐山县境内，《水经注·渭水》又称之为岐水，东流经过姜氏城南。郭沫若《中国史稿》说姜水在岐山东，是渭河的一条支流。从神农起姜姓部落共有九代炎帝。炎帝，有圣德，以火德王，少而聪颖，三天能说话，五天能走路，三年知稼穑之事。炎帝部落在姜水一带活动时开始兴盛。相传炎帝亲尝百草，发现并用草药治疗疾病；创造耒耜等翻土农具，教民火垦刀耕荒地种植粮食作物；领导部落成员制造出饮食用的陶器和炊具；开辟集市。炎帝部落后来和黄帝部落结盟，共同战败蚩尤部族。华人自称炎黄子孙，将炎帝与黄帝共同尊奉为中华民族人文初祖，成为人们团结、奋斗的精神动力。炎帝被道教尊奉为神农大帝，也称五谷神农大帝。岐山作为炎帝重要生息之地，至今有神农山等遗迹存在。

人文初祖黄帝

黄帝，中国上古部落联盟首领，被尊祀为"人文初祖"、五帝之首。史载其因有土德之瑞，故号黄帝，相传其诞辰日为农历四月二十四。

黄帝，本姓公孙，号轩辕氏，早先只是诸帝之一，春秋战国时期其被定于一尊（《山海经》），建都于有熊，亦称有熊氏，也有人称之为"帝鸿氏"。黄帝在位期间，播种百谷草木，大力发展生产，始制衣冠，建舟车、制音律，与岐伯在岐山探讨医药等问题。黄帝亦被尊奉为道家之祖，在道教中有特殊的地位。

《国语·晋语》载："昔少典娶于有蟜氏，生黄帝、炎帝。黄帝以姬水（亦称岐水）成，炎帝以姜水成。成而异德，故黄帝为姬，炎帝为姜。二帝用师以相济也，异德之故也。" 这是中国历史典籍关于炎、黄两帝诞生地的最早记载。后来，两个部落争夺领地，展开阪泉之战。黄帝打败炎帝后，两个部落逐渐融合成为华夏族（汉族的前身）。华夏族在汉朝以后称汉人，唐朝又始称唐人，但一直没有废弃华夏族称谓。炎、黄也是中国文化、技术的始祖，传说他们及其臣子以及后代创造了上古几乎所有重要的发明。

黄帝"以姬水成"。一般学者认为，"姬水"是指从今麟游流出岐山，南流进入渭河的漆水河。其为现今岐山、扶风两县东西之交界线。"姬""漆"谐音。何光岳先生在《炎黄源流史》一书中确认："黄帝轩辕氏的居地为姬水，以姬为姓。"姬与岐谐音，其指横水（今又俗称"后河"）与雍水在岐山汇合形成漳水（其向东南流经扶风、武功，汇集于渭河）。因而宝鸡地区是黄帝从渭水上游东迁的第一个居住地，是黄帝的故里和重要发祥地。

中医始祖岐伯

岐伯，为"华夏中医始祖"，其在岐山与黄帝创建医药学，率先引导中华医药走向文明，故有"医之始本岐黄"佳言传世。"岐"，在为山名的同时，亦为地名。一山两歧得名"岐山"。今箭括岭，因山势歧形被称为"岐山"，古今未变。岐伯及其族人在岐山创造的辉煌业绩，驱使"古公亶父，来朝走马，率西水浒，至于岐下"（《诗经·大雅·皇矣》）。可见，岐山地名相当古老。岐山地理环境优越，农耕与中医药得到充分发展，适宜人居创业。"岐"也是古老姓氏，历史非常久远。岐伯氏族及其后裔一直定居岐下。司马迁《史记》记载："岐伯（为）

黄帝太医（天师）。"《帝王世纪》曰："岐伯，黄帝臣也，帝使岐伯尝味草木，典主医疾，经方《本草》《素问》之书咸出焉。"《甲乙经》序说："黄帝咨访岐伯……内考五脏六腑，外综经络，血气色候，参之天地，验之人物，本之性命，穷神极变，而针道生焉。"北宋张君房《云笈七签·轩辕本纪》谓："时有仙伯，出于岐山下，号岐伯，善说草木之药性味，为大医，帝请主药方……作内外经"。《路史·国名纪丙》追记："高辛氏后列有岐氏，为黄帝同族""古有岐伯……黄帝至岐见岐伯，引载而归，访于治道""黄帝极咨于岐（伯）雷而内经作。"1992年版《岐山县志》记载："据文物普查……新石器时代已有先民在此劳动生息。相传黄帝时代，岐伯就居于岐山之下。"

黄帝为防治疾病，咨访名医岐伯等人。岐伯终生探究脏腑、辨析经络、体察病因、研究医理，阐发医药医术与养生之道，其实践活动经验在民间被广泛口头相传。中医药学称"岐黄"或谓"岐黄之术"，其中的"岐"特指中华医学始祖岐伯，"黄"专指黄帝。现今仍然流传着黄帝与岐伯以对答形式畅谈生命科学的故事。其与《神农本草经》等医药学经典开创天、地、人三位一体的医药学模式，初具"不治已病治未病"的预防医药学思想，"风雨寒热（身体）不得虚，邪不能独伤"的以人为本观念，"言不可治者未得其术"的进取理论，"拘于鬼神者不可与言至德"的朴素唯物论观点，"恬淡虚无精神内守"的养生意识等一系列唯物辩证思维模式，奠定中医学理论体系的基本框架，显示岐伯丰富的医学实践经验和高深修养。岐伯同黄帝在岐山尝草木、采药，为民医疾。作为神农炎帝与轩辕黄帝时期承上启下的医家岐伯，用医术解救轩辕黄帝部落族人病痛，其事迹和精神崇高而伟大，"灵枢作、素问详"的学说影响深远，其思想仍然指导人们在临床实践中攻克疑难杂症。

综上所述，远古时期，岐伯同黄帝两人曾经在岐山探讨生老病死规律和防治疾病机理与经方。战国时期医家托名著成《黄帝内经》，分《灵枢》《素问》两部分。它作为著名医学经典，开辟中医学著述之先河。远古时期的岐人岐伯，问道于天、行道于人、法于阴阳、慎守真元、探讨医药、洞明养生、广施仁术、开启和风。这些既有多种版本的历史典籍作依据，又与后世修订的《凤翔府志》相印证。

造字圣人仓颉

仓颉，原姓侯冈，名颉，俗称仓颉先师，又称史皇氏，又曰苍王、仓圣。《黄氏逸书考》《春秋元命苞》《说文解字》《世本》《淮南子》等典籍均有记载，仓颉受鸟兽足迹启发，穷天地之变，集中大家智慧，呕心沥血数十载，分类别异，搜集、整理流传于先民中的象形文字符号，加以使用并推广。他是古代整理汉字的代表人物，在汉字创造的过程中发挥非常重要的作用，被尊为"造字圣人"。

《路史·禅通纪》载，仓颉大约生活在距今四五千年前的新石器时期，农历三月二十八出生于今陕西省白水县杨武村鸟羽山（另说他出生于山西省临汾市），"龙颜四目，生有睿德"，仰观奎星环曲走势，俯看龟背纹理、鸟兽爪痕、山川形貌和手掌指纹，根据事物形状创造出象形文字，革除当时结绳记事之陋，开创文明之基。作为原始象形文字的创造者，其被华夏族尊奉为"文祖仓颉"。

仓颉所创文字有六类：第一类是指代事情的字，如"上、下"，在上为上，在下为下；第二类是形象字，仿照其形，如日满月亏；第三类是形声字，以类为形，配以声音，如"江、河"；第四类是会意字，如"武、信"，止戈为武，人言为信；第五类是转注字，如"老、考"，以老寿考；第六类是假借字，数言同字，其声虽不一样，文意相同，如"令、长"。

仓颉造字所成之日，举国欢腾、感动上苍，把谷子像雨一样哗哗地降下来，吓得鬼怪夜里啾啾地哭起来（《淮南子》关于仓颉生而能书、受河图录字，"天为雨粟，鬼为夜哭，龙乃潜藏"，是古人对之的盲目崇拜，实际上中国文字早在仓颉以前数千年就已经开始逐步形成）。自黄帝到夏、商、周三个朝代，仓颉所创文字一直沿用未曾做多少改动。

仓颉造字贡献非常之大。关于仓颉造字的传说和遗迹遍布黄河中下游许多地方。岐山仓颉庙村作为仓颉的第二故乡，有陕西省重点文物保护单位新石器时代仰韶文化村落遗址和仓颉庙古建筑。民国岐山县长田惟均主持编纂的《岐山县志》记载，该庙创建于唐代，明嘉靖三十八年（1559 年），因河患由横水河南岸迁建于该河北侧之徐家堡（今仓颉庙村）。庙内至今保存有清雍正年间果亲王允礼歌颂仓颉造字功绩的五言诗题刻碑。

仓颉的贡献主要体现在两个方面。一是完善文字。"仓颉作书"，并不是说仓颉一个人完全地将文字发明创造出来，而是说仓颉将民间既有的图画文字进行广泛搜集，并加以分类整理，从而创制出一套成体系的规范象形文字。二是受洛书。河图、洛书上详细记录古代帝王的兴亡之数与统民治国的道法。这只有得到天命的帝王才能得到。仓颉登基为帝后，向南巡狩自己的领土，登上阳虚山，随着洛河向东到达洛水与黄河交汇处的洛汭，发现灵龟背负着神秘图案，进献自己。八卦由洛书演化出来，后为《周易》的重要来源。

《荀子·解蔽》《韩非子·五蠹》《吕氏春秋》《淮南子·本经》《初学记·卷二十一》《法苑珠林》《大正藏》《中国人名大辞典》《国事全书》《禅通纪》《历代名画记·叙画之源流》《河图玉版》《汉书古今人表疏证》等著作，均有关于仓颉的记载。战国时期的荀卿，是最早提及仓颉者。

中华民族的形成和发展，离不开汉文字的维系。远古早期的文化记录，基本上是用符号文字记录下来的。随之，人类一步步从"堆石记事""结绳记事"，发展到"符号文字"。符号文字从此在中国延续至今。

在中华民族光灿夺目的历史画卷里，仓颉是一位介于神话与传说之间的人物，其卓著的功勋在于文字已经初步成形，成为惊天地、泣鬼神的英雄创举，使中国人从此由蛮荒岁月转向文明生活。

相传黄帝统一华夏之后，感到结绳记事远远满足不了要求，就命他的史官仓颉想办法造字。仓颉在当时的洰水河南岸一个高台上造屋住下来，专心致志地造起字来。可是，他苦思冥想很长时间也没造出字来。说来凑巧，有一天，仓颉正在思索之时，只见天上飞来一只凤凰，嘴里叼着的一件东西掉了下来，正好掉在仓颉面前，仓颉拾起来，看到上面有一个蹄印，可仓颉辨认不出是什么野兽的蹄印，就问正巧走来的猎人。猎人看了看说："这是貔貅的蹄印，与别的兽类的蹄印不一样，别的野兽的蹄印，我一看就知道。"仓颉听了猎人的话很受启发。他想，万事万物都有自己的特征，如能抓住事物的特征，画出图像，大家都能认识，这不就是字吗？从此，仓颉便注意仔细观察各种事物的特征，譬如日、月、星、云、山、河、湖、海以及各种飞禽走兽、应用器物，并按其特征，画出图形，造出许多象形字来。这样日积月累，时间长了，仓颉造的字也就多起来了。仓颉把他造的这些象形字献给黄帝，黄帝非常高兴，立即召集九州酋长，让仓颉把造的这些字传授给他们，于是，这些象形字便开始应用起来，成为古老中华文明的重要载体和密码之一。为了纪念仓颉造字之功，后人把仓颉造字的地方称作"凤凰衔书台"，宋朝时还在此建起一座庙，取名"凤台寺"。

地处陕西省渭南市白水县史官镇杨武村仓颉庙和仓颉墓，于2001年被列入第五批全国重点文物保护单位。

治水英雄大禹

大禹，姒姓，名文命，为黄帝的玄孙、颛顼的孙子，夏后氏首领、夏朝开国君王，史称大禹、帝禹、神禹。大禹因治水有功，成为禅让制度下产生的最后一个部落联盟首领，继承舜的帝位。

大禹是我国古代传说中与尧、舜齐名的上古圣王，最卓著的功绩就是治理洪水、铸九鼎、划分九州。相传，大禹治水时曾经到过岐山。《尚书·禹贡》中涉"岐"的内容有三处。开篇不久就说："禹行自冀州始：既载壶口，治梁及岐"，这是"岐"的首次出现；"岐"第二次出现在"导山"部分，其原文为"荆、岐既旅，终南惇物，至于乌鼠"，是说大禹治理雍州的有关工程，意即荆山、岐山治理以后，终南山、惇物山一直到乌鼠山都得到治理；第三次出现在"导水"部分，原文为"导汧及岐，至于荆山，逾于河"，意为开通千山和岐山的道路，到达荆山，越过黄河。这里的"汧"，在今天陕西省陇县、千阳千山山脉一带。以上三处涉"岐"表述可证实：一是大禹治水的足迹到过岐山，而且不止一次；二是大禹"导山"工程的顺序由西向东，而且起步在千山和岐山；三是因当时平地被水淹没，大禹借千、岐、荆之间西高东低之地势，在川道间拓成大道，这样的大道南北排列有好几条，而自北向南的第一条就是过岐山之地的千、岐、荆（今陕西省富平县一带）至黄河的通衢大道。总之，大禹在岐山的治理工程是一项山水田林路共同治理的综合性惠民工程。

大禹之所以费心对岐地进行治理，因为他是黄帝和颛顼后代。而"黄帝以姬水成"。姬水流经岐山。岐地与黄帝有重要关系，黄帝在此与岐伯探讨医药等问题。岐山一带高山北拱，终南南佑，渭雍岐诸水中流，东西开阔坦荡，物产丰饶，地理位置奇重。于是，作为执掌国器的大禹，对此地山水精心打理。治理"岐"地这块先祖根基，自然表达他报祖认宗情感。同时，岐地是文王、武王、周公、召公等圣贤的故里，先秦时期的学者们，作为周室的子民，从情理上把对祖地的敬重之感，完全倾注于笔下，予以记载。

大禹在岐治水的事迹，不但《禹贡》中有记载，而且岐山民间还有许多传说。岐山北部山前洪积扇数十米深厚的黄土台原，是巨大的山洪裹挟着泥土，在漫长岁月里一层层堆积形成。由于早期原面没有退水沟壑，洪水在这广袤的原野汇聚成一片汪洋，造成"人或为鱼鳖"水患的惨景不时发生。富有智慧的大禹治理岐山时，他晴天在这里走访探勘，雨天带领民众从岐地各山口顺水势导渠泄洪至南边东西走向的渭水及其支流，这些小渠经年累月，便形成根在岐山，一路逶迤纵贯周原的几条季节性小河流，如七星河、马尾沟、龙尾沟、燕尾沟等等。这些绵延几十里的沟道，沟底排洪，沟崖先民凿窑以居，直至目前仍然是排泄洪水、抵御洪魔的重要利器。这些富有诗情画意的名字，都有可能始于大禹时代。可见，周初美丽富饶的"膴膴周原"禹甸之地，名副其实。

相传，在治理渭水和今天益店镇魏家河时，正值汛期，为了尽早建好治水工程，大禹一直未不离手，吃住在工地，以至于积劳成疾。老百姓非常感动，就把渭水叫"禹河"，把魏家河叫"禹呀河"，至今仍然这般称呼它们。

特别是大禹治理今天岐山县城东边渚村一带水患的故事，充分体现他的过人智慧，因而流传更是广泛，还被收入一些地方文献。相传大禹时期，渚村一带因洪涝灾害，造成大片良田被水淹没，有一些穷苦人家被围困于洪水之中，挣扎在死亡线上。大禹在治理过程中，准备将这里的大量积水通过开挖沟渠引至10里开外处今天之大营千集村一带的岐水里，使这一带的水势顺渠而退，恢复良田，解除洪水对民之威胁。让大禹头痛的是，输水的沟渠往往还没挖上一段，很快就会被来水淹没，工程推进速度极慢。有一天，很久没有回家的大禹，路过家门时朝院里望了一眼，正好看见他的妹妹在院子的一棵树下用木梳梳头发。只见她先从头发根部朝下梳，梳不动的时候，就掉转木梳从发梢向发根一点一点倒梳，结果很快就将一头黑油油的乌发梳得光洁俊秀。大禹受此启发，回到工地，便立即组织民众从下端向上开挖，而且为加快进度，还分段施工，速度大增，输水渠道不长时间就大功告成，渚村一带的水患彻底得到根治。为了牢记大禹领修的这项惠民工程，村名便被更改为"渚村"，竖立刻有"大禹治水，导汧及岐"石碑。这是岐山人对《禹贡》里"导汧及岐"的另一种解释，证明大禹在岐地治理过水患。

为了永久纪念大禹在岐山治水的丰功伟绩，此后岐山县民众在索王村的一块高地上建起禹王庙。清光绪《岐山县志》记载："夏禹王庙在县东北十三里，创建无考。元至元二十七年（1290年），知县祝严重建。明嘉靖三十八年（1559年），知县令狐一爻重修，庙前有古柏九十余株。清乾隆四十六年（1781年），知县郭履恒重修，有记。道光八年（1828年），知县徐通久重修，有记。光绪六年（1880年），知县胡升献重修。"这个庙院在明清时期有28亩，建有10多个殿堂，正殿奉祀禹王，后殿侍奉着禹王的父亲崇伯鲧和禹王母亲修己。献殿侍奉着禹王妹妹和儿子启。1942年，国民党岐山县府在此建立怀邠乡国民中心学校，导致庙内神像几乎全毁，古柏被砍。1988年，村民在原庙旧址重新修建起禹王殿和禹王塑像，并保留老石碑和传说中的大禹上马石等古物。每年农历二月二十五日，善男信女自发举办庙会，祭祀造福于民的治水英雄大禹，寄托浓浓的歌颂缅怀之情。

岐山之所以成为唐宋以前的"天府之国"，为周室兴盛和灿烂辉煌的中华文明做出重要贡献，与大禹治水付出的辛劳分不开。大禹丰功伟绩长存于人民心里，大禹精神激励着岐山人民在新时代开创新业绩。

参 考 文 献

[1] 左丘明著，张建欣主编：《国语》，漓江出版社2022年版。

[2] 何光岳著：《炎黄源流史》，江西教育出版社1992年版。

[3] 王洪图编：《内经讲义》，人民卫生出版社1965年版。

[4] 高强：《炎黄子孙称谓的源流与意蕴》，三秦出版社2006年版。

[5] 于右任：《黄帝功德纪》，陕西人民出版社1987年版。

[6] 炎帝与宝鸡课题组编著：《炎帝：姜炎文化》，三秦出版社1992年版。

[7] 景明：《神农氏·炎帝》，西北大学出版社1993年版。

[8] 霍彦儒、郭天祥：《炎帝传》，陕西旅游出版社1995年版。

[9] 宝鸡市社科联编：《炎帝论》，陕西人民出版社1996年版。

[10] 司马迁：《史记》，中华书局2006年版。

[11] 司马迁：《白话史记》，新世界出版社2007年版。

[12] 冯克成、田晓娜主编：文白对照《二十五史》，青海人民出版社2002年版。

[13] 唐品主编：《尚书（全集）》，天地出版社2017年版。

[14] 王仁明等著：《传世经典（第3集）》，远方出版社2003年版。

[15] 陈寿：《三国志》，中华书局1982年版。

[16] 刘昫等撰：《旧唐书》，中华书局2000年版。

[17] 欧阳修、宋祁：《新唐书》，中华书局2000年版。

[18] 脱脱等撰：《宋史》，中华书局2000年版。

[19] 张廷玉等撰：《明史》，中华书局2000年版。

［20］赵尔巽等撰：《清史稿》，中华书局1976年版。

［21］司马光：《资治通鉴》，中华书局1997年版。

［22］张岂之主编：《五千年血脉》，西北大学出版社、香港新世纪出版社1993年版。

［23］夏曾佑：《中国古代史》，河北教育出版社2000年版。

［24］周谷城：《中国通史》，上海人民出版社1957年版。

［25］中国史学会主编：《中国近代史资料丛刊》，上海人民出版社2000年版。

［26］冯君实主编：《中国历史大事年表》，辽宁人民出版社1984年版。

［27］中共陕西省委党史资料征集研究委员会：《辛亥革命在陕西》，陕西人民出版社1986年版。

［28］中共陕西省委党史研究室：《中共陕西历史简明辞典》，陕西人民出版社2000年版。

［29］中共陕西省委党史研究室：《中国共产党陕西历史（第一卷）》，陕西出版集团、陕西人民出版社2009年版。

［30］宝鸡市地方志编纂委员会编：《宝鸡市志》（上、中、下三册），三秦出版社1998年版。

［31］宝鸡市地方志编纂委员会编：《宝鸡市志（1990—2010）》（上、中、下三册），陕西人民出版社2020年版。

［32］清凤翔知府达灵阿主修，宝鸡市地方志办公室校注重印：《重修凤翔府志》，西安地图出版社2002年版。

［33］中共宝鸡市委党史研究室：《中国共产党宝鸡历史（第一卷）》，陕西出版集团、陕西人民出版社2012年版。

［34］岐山县志编纂委员会：《岐山县志》，陕西人民出版社1992年版。

［35］岐山县地方志编纂委员会编：《岐山县志（1990—2010）》，陕西新华出版传媒集团、三秦出版社2017年版。

后　记

为深入贯彻落实岐山县委、县政府"做活周文化"战略部署，第三届岐山周文化研究会第一次常务理事扩大会决定编写一套八卷本的《周文化传承丛书》，并委托我负责《人物卷》的编写工作。退休后，我有幸能够参与编写这样厚重的丛书，是一件非常有意义的事情，深感责任重大。在整个编写过程中，我始终不敢有丝毫的懈怠，一直怀着对历史的敬畏和对历史人物的崇敬之情开展这项工作。

《人物卷》作为《周文化传承丛书》中的一卷，以传承周文化、弘扬周人美德、培育和践行社会主义核心价值观为宗旨。因此，我慎重考虑，根据《大纲》要求，拟定了几条选编人物的基本准则，编定了目录，并报经编委会研究同意后开始编写工作。本卷选编人物坚持以下五个基本准则：第一，选编人物必须为正面，在道德上有模范引领作用；第二，选编人物必须在岐山生活或工作过，与岐山有着密切的关系；第三，选编人物要有相关出处，皆以1992年版《岐山县志》、《岐山县志（1990—2010）》、1998年版《宝鸡市志》、《宝鸡市志1990—2010》等地方史志为依据；第四，先秦以后人物已编入其他卷的，本卷原则上不再重复入编；第五，第四章为近代时期，为尊重客观史实，体现年代上的准确性，选编人物的主要业绩、成就、贡献，以及最高头衔、职务等获得时间必须在1840—1949年时间段内，除特殊情况外，去世时间必须在20世纪80年代以前。按照上述要求，《人物卷》由四个章节与附录构成：第一章上古，从商末至东周末，选编了19位历史人物事迹；第二章中古，从秦代至南宋末，选编了8位历史人物事迹；第三章近古，从元代至鸦片战争，选编了12位历史人物事迹；第四章近代，从鸦片战争至中华人民共和国成立，选编了36位历史人物事迹；附录选编了5位远古时期历史人物事迹，这5位圣贤的事迹或见诸地方史志，或在民间口耳相传，与岐山关系密切，但毕竟传说成分较多，故作为附录选编其中。全书共选编80人，并按照生平时间排序。在研究会同仁和亲友们的大力支持下，经过一年多的不懈努力，《人物卷》编写工作初步完成，但我依然诚惶诚恐，时常担忧因自己的学识素养不够而造成疏漏和舛错。在此，向支持我完成这项工作的领导、师友以及参考文献的专家学者表示衷心地感谢和敬意！

历史的主要功能就在于存史资政、弘道育人。因此，通过简述评价历史人物来传承周文化、弘扬周人美德、培育和践行社会主义核心价值观是编写《人物卷》的首要任务，但由于受本人理论修养、认识水平和文字功底的局限，书中定有不少不尽如人意的地方，甚至谬误。又由于所掌握的资料多寡不一，存在着章节详略不均、篇幅长短悬殊等问题，真诚期望广大读者批评指正。

唐广森

2023年2月

跋

　　2021年10月，我有幸当选为第三届岐山周文化研究会会长，在会员代表大会上，我表态要学习继承前任经验，按照创造性转化、创新性发展的思路，拓宽研究领域，在周文化传承践行上下功夫、做文章，使地方优秀传统文化更好地服务于经济社会发展。按照县委、县政府"做活周文化"战略部署，经过反复讨论，我们提出编撰一套《周文化传承丛书》，涉及《勤廉卷》《德行卷》《诚信卷》《家风卷》《教育卷》《孝道卷》《礼俗卷》《人物卷》共八卷，挖掘整理历史典故和民间故事，垫实基础文化资料，找准主题内容的源头，然后从历代传承入手，理清传承人物和传承故事，包括岐山人的传承践行事迹。要求语句通俗易懂，不穿靴戴帽，成为大众通俗读本和老百姓的"口袋书"。思路理清后，我们召开周文化研究会常务理事扩大会议，反复修改讨论，广泛征求意见。同时，征求了宫长为、孟建国、范文、霍彦儒、王恭等专家学者的意见和建议，并与杨慧敏、郑鼎文、刘剑峰同志反复沟通协商，提出编撰大纲。再次召开周文化常务理事扩大会议，进行讨论修改，落实撰写人员，明确分工任务，确定完成时限。随后，我向县委书记杨鹏程、县长张军辉分别汇报，得到了领导的肯定和支持，要求抓紧编撰，打造周文化传承精品工程。

　　《周文化传承丛书》八卷本大纲确定之后，各位撰稿人踊跃积极撰写，主动走访座谈，广泛搜集资料。年逾古稀的老会长郑鼎文先生冒着酷暑，坚持每天撰写在10小时以上。刘剑峰同志为了搜集孝道方面的内容，翻阅了大量文史资料，走访了多名文化人士，当他搜集到历代岐山人传承孝道的感人故事时，流下了热泪，为岐山人传承孝道而感动。青年作者马庆伟同志，承担着《德行卷》和《诚信卷》两大编撰任务，他白天忙于机关工作，利用晚上和休息日加班撰写，有时写到天亮，家属多次催他休息，他趴在桌子上打个盹又继续写作。每位编撰人员认真勤奋刻苦敬业的编撰故事，件件令人感动，催人奋进！有的作者风趣地说，《周文化丛书》人称"周八卷"，我们现在编撰的是"新八卷"，新八卷是《周文化丛书》的继承和发展。编委会要求高质量完成编撰任务，既要体现周文化的博大精深，又要传承发扬光大，从而使周文化深深扎根于读者的心坎里！

　　《周文化传承丛书》的编撰发行，离不开各级党政组织和社会各界的大力支持与厚爱。宝鸡市社科联周文化资深学者王恭先生，担任本丛书编辑和统稿工作，从2022年10月开始，王恭先生对送来的丛书初稿，按照体例要求，逐字逐句推敲，认真仔细修改，为丛书出版做出了贡献！中国先秦史学会会长宫长为先生对丛书编撰给予精心指导，并为本丛书作序，对丛书给予充分肯定，鼓励要求我们大力挖掘周文化资源，花大力气传承周礼优秀文化，使周文化彰显璀璨魅力。县人大常委会主任王辉，县政协主席刘玉广对丛书编撰出版工作给予大力支持、精心指导。县委常委、宣传部部长王武军对丛书编撰工作高度重视，要求高质量完成编撰任务。县文化和旅游局局长杨慧敏在丛书编撰过程中，从历史典故、历代传承到现代传承提出了意见和建议，对丛书出版予以精心指导。在出版社审稿期间，马庆伟同志对书稿又进行认真核校，并与出版社衔接沟通，精益求精，力求做到万无一失。

由于丛书编撰时间紧迫，内容还缺乏系统性和完整性，词汇和语句有许多不足和缺陷，有些典故和传承故事难免出现重复，望广大读者给予指导雅正，以便更进一步做好编撰工作。

岐山周文化研究会会长　傅乃璋

2023年12月